ॐ

READ ALOUD GITA
IAST

śrīmad bhagavad gītā pārāyaṇam

Latin transliteration of the original Devanagari Verses

Ashwini Kumar Aggarwal

जय गुरुदेव

ISBN13: 978-93-92201-46-2 Paperback Edition
ISBN13: 978-93-92201-38-7 Digital Edition

Title: **Read Aloud Gita IAST**
Author: **Ashwini Kumar Aggarwal**

Printed and Published by
Devotees of Sri Sri Ravi Shankar Ashram
34 Sunny Enclave, Devigarh Road,
Patiala 147001, Punjab, India

https://advaita56.weebly.com/
The Art of Living Centre

8th February 2022 Lord relieves all burden
Magha Shukla Ashtami Bharani Nakshatra Uttarayana
Vikram Samvat 2078 Ananda, Saka Era 1943 Plava
1st Edition February 2022

जय गुरुदेव

Dedication

H H Sri Sri Ravi Shankar
for nurturing inspiring supporting

H H Swami Chinmayananda Saraswati
for establishing Gita study all around the globe.

Acknowledgements

Adapted from our existing title “Bhagavad Gita Reader: All Verses in 4 Quarters - ISBN 9789352790920” in handy pocket size edition.

Preface

The Bhagavad Gita has been chanted and read in homes and workplaces. Children and families love to recite it during festivals and gatherings. It is the discourse that instructs man to realign himself to his duty and responsibility. It is the scripture that creates a strong foundation for implicit faith and concordant action in day to day life.

How may we read the Gita? Its verses are written in a meter known as Anushtup Chhanda consisting of 32 syllables each. The traditional way to recite is to pause after 8 syllables. However the commonly available editions of the Bhagavad Gita do not give any such pause.

This is a Reader that lists all the 700 verses of the Gita with pauses at 8 syllables i.e. at each quarter, using IAST Devanagari to Latin **Transliteration**. **This makes it very easy for the English reader to quickly learn the proper chanting procedure.**

The split of the verses is done using Grammar rules of Sandhi as given in the Ashtadhyayi of Panini, a timeless masterpiece on language, word formation and syntax.

The correct method to read the **Visarga** and the **Avagraha** is clearly explained. Thus it fulfills a basic academic need of individuals, schools or colleges using the Bhagavad Gita in any manner. Most institutes imparting Sanskrit teaching also use the Gita and this book is an apt textbook for the same.

Contents

PREFACE....4

INTRODUCTION....6

GITA DHYANAM....9

BEGINNING INVOCATION....11

BHAGAVAD GITA RECITATION....12

- 1st Chapter....12
- 2nd Chapter....19
- 3rd Chapter....27
- 4th Chapter....32
- 5th Chapter....37
- 6th Chapter....41
- 7th Chapter....46
- 8th Chapter....50
- 9th Chapter....54
- 10th Chapter....58
- 11th Chapter....63
- 12th Chapter....72
- 13th Chapter....75
- 14th Chapter....79
- 15th Chapter....83
- 16th Chapter....86
- 17th Chapter....90
- 18th Chapter....94

ENDING PRAYER....104

IAST TRANSLITERATION CHART....105

PRONUNCIATION OF SANSKRIT LETTERS....106

EPILOGUE....108

Introduction

Correct pronunciation of the Gita enhances the effect on one's nervous system. It creates healthy vibrations that align our mind, body and soul to wisdom.

For reading aloud the Gita, Avagraha **ऽ** and Visarga ः need special mention.

An avagraha signifies that an "a = अ" has been dropped due to sandhi rules, and hence it is a silent character.

- Recite "prathamo'dhyāyaḥ" as "prathamodhyāyaḥ",
- Verse2.14 chant "āgamāpāyino'nityāḥ" as "āgamāpāyinonityāḥ".

A visarga is to be pronounced aspirated "ha=ह" followed by the sound of the previous vowel. "namaḥ" is chanted "namaha".

- Verse2.41 chant "buddhiḥ" as "buddhihi"
- Verse2.43 chant "svargaparāḥ" as "svargaparāhā"

- Verse2.47 chant “karmaphalaheturbhūḥ” as “karmaphalaheturbhūhū” etc.

This rule is valid whenever a visarga is followed by a pause or a verse end.

Also, a Visarga in close proximity with another letter becomes a new letter and is pronounced accordingly. ***This is reflected in this edition of the Gita by substituting that letter instead of the visarga.*** (popular editions of the Gita show the visarga only).

Visarga changes to ArdhaVisarga ᳲ in front of “ka = क ,

kha = ख , pa = प , pha = फ”.

ArdhaVisarga ᳲ facing “ka = क , kha = ख” is chanted h = ह्

(very short).

ArdhaVisarga ᳲ facing pa = प , pha = फ” is chanted “f = ph

= फ़्”.

Note: Standard editions of the Gita give Visarga and not

Ardhavisarga, so Chap1.1 māmakāᳲ pāṇḍavāścaiva is

written as māmakāḥ pāṇḍavāścaiva. However, this edition is designed for correct enunciation, hence

- chant "māmakā× pāṇḍavāścaiva" as "māmakāf pāṇḍavāścaiva".
- Verse2.6 chant "vidma× kataranno" as "vidmah kataranno".

Due to Sandhi rules, spellings for reading aloud are not the same as those we find in popular editions of the Gita.

<u>This Gita is meant to be Read Aloud.</u>

Using correct rules of Panini Grammar, and proof read by Sanskrit scholars and pundits,

This book gives all the verses
<u>as they are to be Recited</u>.

HAPPY CHANTING!

Gita Dhyanam

oṃ pārthāya pratibodhitāṃ bhagavatā nārāyaṇena svayam ,
vyāsena grathitāṃ purāṇamuninā madhyemahābhāratam |
advaitāmṛtavarṣiṇīṃ bhagavatīm aṣṭādaśādhyāyinīm , amba
tvām anusandadhāmi bhagavadgīte bhavadveṣiṇīm || 1

namo'stu te vyāsa viśālabuddhe , hullāravindāyatapatranetra |
yena tvayā bhāratatailapūrṇaḥ , prajvālito jñānamaya×
pradīpaḥ || 2

prapannapārijātāya totravetraikapāṇaye |
jñānamudrāya kṛṣṇāya gītāmṛtaduhe namaḥ || 3

sarvopaniṣado gāvaḥ , dogdhā gopālanandanaḥ |
pārtho vatsaḥ sudhīrbhoktā dugdhaṃ gītāmṛtaṃ mahat || 4

vasudevasutaṃ devaṃ kaṃsacāṇūramardanam |
devakīparamānandaṃ kṛṣṇaṃ vande jagadgurum || 5

bhīṣmadroṇataṭā jayadrathajalā gāndhāranīlotpalā ,
śalyagrāhavatī kṛpeṇa vahanī karṇena velākulā |
aśvatthāmavikarṇaghoramakarā duryodhanāvarttinī ,
sottīrṇā khalu pāṇḍavai raṇanadī kaivartakaḥkeśavaḥ || 6

pārāśaryavacaḥ sarojamamalaṃ gītārthagandhotkaṭaṃ ,
nānākhyānakakesaraṃ harikathā , sambodhanābodhitam |
loke sajjanaṣaṭpadairaharahaḥ , pepīyamānaṃ mudā ,
bhūyādbhāratapaṅkajaṃ kalimalapradhvaṃsi naḥ śreyase || 7

mūkaṃ karoti vācālaṃ , paṅguṃ laṅghayate girim |
yatkṛpā tamahaṃ vande , paramānandamādhavam || 8

yaṃ brahmā varuṇendrarudramarutaḥ ,
stunvanti divyaiḥ stavaiḥ ,
vedaiḥ sāṅgapadakramopaniṣadaiḥ , gāyanti yaṃ sāmagāḥ |
dhyānāvasthitatadgatena manasā , paśyanti yaṃ yoginaḥ ,
yasyāntaṃ na viduḥ surāsuragaṇāḥ , devāya tasmai namaḥ || 9

Beginning Invocation

oṃ namo bhagavate vāsudevāya
oṃ namo bhagavate vāsudevāya
oṃ namo bhagavate vāsudevāya
oṃ namo bhagavate vāsudevāya

Bhagavad Gita Recitation

1st Chapter

oṃ śrī paramātmane namaḥ | atha prathamo'dhyāyaḥ

dhṛtarāṣṭra uvāca

dharmakṣetre kurukṣetre , samavetā yuyutsavaḥ |
māmakā× pāṇḍavāścaiva , kim akurvata sañjaya || 1

sañjaya uvāca

dṛṣṭvā tu pāṇḍavānīkam , vyūḍhaṃ duryodhanas tadā |
ācāryam upasaṅgamya , rājā vacanam abravīt || 2

paśyaitāṃ pāṇḍuputrāṇām , ācārya mahatīṃ camūm |
vyūḍhāṃ drupadaputreṇa , tava śiṣyeṇa dhīmatā || 3

atra śūrā maheṣvāsāḥ , bhīmārjunasamā yudhi |
yuyudhāno virāṭaśca , drupadaśca mahārathaḥ || 4

dhṛṣṭaketuś cekitānaḥ , kāśirājaśca vīryavān |
purujit kuntibhojaśca , śaibyaśca narapuṅgavaḥ || 5

yudhāmanyuśca vikrāntaḥ , uttamaujāśca vīryavān |
saubhadro draupadeyāśca , sarva eva mahārathāḥ || 6

asmākaṃ tu viśiṣṭā ye , tān nibodha dvijottama |
nāyakā mama sainyasya , sañjñārthaṃ tān bravīmi te || 7

bhavān bhīṣmaśca karṇaśca , kṛpaśca samitiñjayaḥ |
aśvatthāmā vikarṇaśca , saumadattis tathaiva ca || 8

anye ca bahavaś śūrāḥ , madarthe tyaktajīvitāḥ |
nānāśastrapraharaṇāḥ , sarve yuddhaviśāradāḥ || 9

aparyāptaṃ tad asmākam , balaṃ bhīṣmābhirakṣitam |
paryāptaṃ tvidam eteṣām , balaṃ bhīmābhirakṣitam || 10

ayaneṣu ca sarveṣu , yathābhāgam avasthitāḥ | bhīṣmam
evābhirakṣantu , bhavantas sarva eva hi || 11

tasya sañjanayan harṣam , kuruvṛddha× pitāmahaḥ |
siṃhanādaṃ vinadyoccaiḥ , śaṅkhaṃ dadhmau pratāpavān ||
12
tataś śaṅkhāśca bheryaśca , paṇavānakagomukhāḥ |
sahasaivābhyahanyanta , sa śabdas tumulo'bhavat || 13

tataś śvetair hayairyukte , mahati syandane sthitau |
mādhava× pāṇḍavaścaiva , divyau śaṅkhau pradadhmatuḥ || 14

pāñcajanyaṃ hṛṣīkeśaḥ , devadattaṃ dhanañjayaḥ |
pauṇḍraṃ dadhmau mahāśaṅkham , bhīmakarmā vṛkodaraḥ || 15

anantavijayaṃ rājā , kuntīputro yudhiṣṭhiraḥ |
nakulas sahadevaśca , sughoṣamaṇipuṣpakau || 16

kāśyaśca parameṣvāsaḥ , śikhaṇḍī ca mahārathaḥ |
dhṛṣṭadyumno virāṭaśca , sātyakiś cāparājitaḥ || 17

drupado draupadeyāśca , sarvaśa× pṛthivīpate |
saubhadraśca mahābāhuḥ , śaṅkhān dadhmu× pṛthak pṛthak || 18

sa ghoṣo dhārtarāṣṭrāṇām , hṛdayāni vyadārayat |
nabhaśca pṛthivīṃ caiva , tumulo vyanunādayan || 19

atha vyavasthitān dṛṣṭvā , dhārtarāṣṭrān kapidhvajaḥ |
pravṛtte śastrasampāte , dhanurudyamya pāṇḍavaḥ || 20

hṛṣīkeśaṃ tadā vākyam , idam āha mahīpate |
<u>arjuna uvāca</u>
senayorubhayor madhye , rathaṃ sthāpaya me'cyuta || 21

yāvad etān nirīkṣe'ham , yoddhukāmān avasthitān |
kairmayā saha yoddhavyam , asmin raṇasamudyame || 22

yotsyamānān avekṣe'ham , ya ete'tra samāgatāḥ |

dhārtarāṣṭrasya durbuddheḥ , yuddhe priyacikīrṣavaḥ || 23

sañjaya uvāca

evam ukto hṛṣīkeśaḥ , guḍākeśena bhārata |

senayorubhayor madhye , sthāpayitvā rathottamam || 24

bhīṣmadroṇapramukhataḥ , sarveṣāṃ ca mahīkṣitām |

uvāca pārtha paśyaitān , samavetān kurūniti || 25

tatrāpaśyat sthitān pārthaḥ , pitṝnatha pitāmahān |

ācāryān mātulān bhrātṝn , putrān pautrān sakhīṃs tathā || 26

śvaśurān suhṛdaś caiva , senayorubhayorapi |

tān samīkṣya sa kaunteyaḥ , sarvān bandhūn avasthitān || 27

kṛpayā parayāviṣṭaḥ , viṣīdannidam abravīt |

arjuna uvāca

dṛṣṭvemaṃ svajanaṃ kṛṣṇa , yuyutsuṃ samupasthitam || 28

sīdanti mama gātrāṇi , mukhaṃ ca pariśuṣyati |

vepathuśca śarīre me , romaharṣaś ca jāyate || 29

gāṇḍīvaṃ sramsate hastāt , tvakcaiva paridahyate |

na ca śaknomyavasthātum , bhramatīva ca me manaḥ || 30

nimittāni ca paśyāmi , viparītāni keśava |
na ca śreyo'nupaśyāmi , hatvā svajanamāhave || 31

na kāṅkṣe vijayaṃ kṛṣṇa , na ca rājyaṃ sukhāni ca |
kiṃ no rājyena govinda , kiṃ bhogair jīvitena vā || 32

yeṣām arthe kāṅkṣitaṃ naḥ , rājyaṃ bhogās sukhāni ca |
ta ime'vasthitā yuddhe , prāṇāṃstyaktvā dhanāni ca || 33

ācāryāḥ pitara× putrāḥ , tathaiva ca pitāmahāḥ |
mātulāś śvaśurā× pautrāḥ , śyālās sambandhinas tathā || 34

etān na hantum icchāmi , ghnato'pi madhusūdana |
api trailokyarājyasya , heto× kiṃ nu mahīkṛte || 35

nihatya dhārtarāṣṭrān naḥ , kā prītis syājjanārdana |
pāpam evāśrayed asmān , hatvaitān ātatāyinaḥ || 36

tasmān nārhā vayaṃ hantum , dhārtarāṣṭrān svabāndhavān |
svajanaṃ hi kathaṃ hatvā , sukhinas syāma mādhava || 37

yadyapyete na paśyanti , lobhopahatacetasaḥ |
kulakṣayakṛtaṃ doṣam , mitradrohe ca pātakam || 38

kathaṃ na jñeyam asmābhiḥ , pāpād asmān nivartitum |
kulakṣayakṛtaṃ doṣam , prapaśyadbhir janārdana || 39

kulakṣaye praṇaśyanti , kuladharmās sanātanāḥ |
dharme naṣṭe kulaṃ kṛtsnam , adharmo'bhibhavatyuta || 40

adharmābhibhavāt kṛṣṇa , praduṣyanti kulastriyaḥ |
strīṣu duṣṭāsu vārṣṇeya , jāyate varṇasaṅkaraḥ || 41

saṅkaro narakāyaiva , kulaghnānāṃ kulasya ca |
patanti pitaro hyeṣāṃ , luptapiṇḍodakakriyāḥ || 42

doṣairetai× kulaghnānām , varṇasaṅkarakārakaiḥ |
utsādyante jātidharmāḥ , kuladharmāśca śāśvatāḥ || 43

utsannakuladharmāṇām , manuṣyāṇāṃ janārdana |
narake'niyataṃ vāsaḥ , bhavatītyanuśuśruma || 44

aho bata mahat pāpam , kartuṃ vyavasitā vayam |
yad rājyasukhalobhena , hantuṃ svajanamudyatāḥ || 45

yadi mām apratīkāram , aśastraṃ śastrapāṇayaḥ |
dhārtarāṣṭrā raṇe hanyuḥ , tanme kṣemataraṃ bhavet || 46

sañjaya uvāca

evam uktvārjunas saṅkhye , rathopastha upāviśat |

visṛjya saśaraṃ cāpam , okasaṃvignamānasaḥ || 47

om̩ tat sat |
iti śrīmadbhagavadgītāsu , upaniṣatsu , brahmavidyāyāṃ , yogaśāstre , śrīkṛṣṇārjunasaṃvāde arjunaviṣādayogo nāma , prathamo'dhyāyaḥ

|| 1st ||

2nd Chapter

oṃ śrī paramātmane namaḥ | atha dvitīyo'dhyāyaḥ

sañjaya uvāca
taṃ tathā kṛpayāviṣṭam , aśrupūrṇākulekṣaṇam |
viṣīdantam idaṃ vākyam , uvāca madhusūdanaḥ | | 1

śrī bhagavān uvāca
kutas tvā kaśmalam idam , viṣame samupasthitam |
anāryajuṣṭam asvargyam , akīrtikaramarjuna | | 2

klaibyaṃ mā sma gama× pārtha , naitattvayyupapadyate |
kṣudraṃ hṛdayadaurbalyam , tyaktvottiṣṭha parantapa | | 3

arjuna uvāca
kathaṃ bhīṣmamahaṃ saṅkhye , droṇaṃ ca madhusūdana |
iṣubhi× prati yotsyāmi , pūjārhāvarisūdana | | 4

gurūnahatvā hi mahānubhāvān ,
śreyo bhoktuṃ bhaikṣyam apīha loke |
hatvārthakāmāṃstu gurūnihaiva ,
bhuñjīya bhogān rudhirapradigdhān | | 5

na caitad vidma× kataranno garīyaḥ ,
yadvā jayema yadi vā no jayeyuḥ |
yāneva hatvā na jijīviṣāmaḥ ,
te'vasthitā× pramukhe dhārtarāṣṭrāḥ | | 6

kārpaṇyadoṣopahatasvabhāvaḥ ,
pṛcchāmi tvāṃ dharmasammūḍhacetāḥ |
yacchreyas syān niścitaṃ brūhi tanme ,
śiṣyaste'haṃ śādhi māṃ tvāṃ prapannam || 7

na hi prapaśyāmi mamāpanudyād ,
yacchokamucchoṣaṇam indriyāṇām |
avāpya bhūmāvasapatnamṛddham ,
rājyam surāṇām api cādhipatyam || 8

sañjaya uvāca
evam uktvā hṛṣīkeśam , guḍākeśa× parantapaḥ |
na yotsya iti govindam , uktvā tūṣṇīṃ babhūva ha || 9

tamuvāca hṛṣīkeśaḥ , prahasanniva bhārata |
senayorubhayor madhye , viṣīdantam idaṃ vacaḥ || 10

śrī bhagavān uvāca
aśocyān anvaśocastvam , prajñāvādāṃśca bhāṣase |
gatāsūn agatāsūṃśca , nānuśocanti paṇḍitāḥ || 11

na tvevāhaṃ jātu nāsam , na tvaṃ neme janādhipāḥ |
na caiva na bhaviṣyāmaḥ , sarve vayamata× param || 12

dehino'smin yathā dehe , kaumāraṃ yauvanaṃ jarā |
tathā dehāntaraprāptiḥ , dhīrastatra na muhyati || 13

mātrāsparśās tu kaunteya , śītoṣṇasukhaduḥkhadāḥ |
āgamāpāyino'nityāḥ , tāṃstitikṣasva bhārata || 14

yaṃ hi na vyathayantyete , puruṣaṃ puruṣarṣabha |
samaduḥkhasukhaṃ dhīram , so'mṛtatvāya kalpate || 15

nāsato vidyate bhāvaḥ , nābhāvo vidyate sataḥ |
ubhayorapi dṛṣṭo'ntaḥ , tvanayos tattvadarśibhiḥ || 16

avināśi tu tad viddhi , yena sarvam idaṃ tatam |
vināśam avyayasyāsya , na kaścit kartumarhati || 17

antavanta ime dehāḥ , nityasyoktāś śarīriṇaḥ |
anāśino'prameyasya , tasmād yudhyasva bhārata || 18

ya enaṃ vetti hantāram , yaścainaṃ manyate hatam |
ubhau tau na vijānītaḥ , nāyaṃ hanti na hanyate || 19

na jāyate mriyate vā kadācit ,
nāyaṃ bhūtvā bhavitā vā na bhūyaḥ |
ajo nityaś śāśvato'yaṃ purāṇaḥ ,
na hanyate hanyamāne śarīre || 20

vedāvināśinaṃ nityam , ya enam ajam avyayam |
kathaṃ sa puruṣa× pārtha , kaṃ ghātayati hanti kam ||21

vāsāṃsi jīrṇāni yathā vihāya ,
navāni gṛhṇāti naro'parāṇi |
tathā śarīrāṇi vihāya jīrṇāni ,
anyāni saṃyāti navāni dehī || 22

nainaṃ chindanti śastrāṇi , nainaṃ dahati pāvakaḥ |
na cainaṃ kledayantyāpaḥ , na śoṣayati mārutaḥ || 23

acchedyo'yam adāhyo'yam , akledyo'śoṣya eva ca |
nityas sarvagatas sthāṇuḥ , acalo'yaṃ sanātanaḥ || 24

avyakto'yam acintyo'yam , avikāryo'yam ucyate|
tasmād evaṃ viditvainam , nānuśocitum arhasi || 25

atha cainaṃ nityajātam , nityaṃ vā manyase mṛtam |
tathāpi tvaṃ mahābāho , naivaṃ śocitum arhasi || 26

jātasya hi dhruvo mṛtyuḥ , dhruvaṃ janma mṛtasya ca |
tasmād aparihārye'rthe , na tvaṃ śocitum arhasi || 27

avyaktādīni bhūtāni , vyaktamadhyāni bhārata |
avyaktanidhanānyeva , tatra kā paridevanā || 28

āścaryavat paśyati kaścid enam ,
āścaryavad vadati tathaiva cānyaḥ |
āścaryavac cainamanyaś śṛṇoti ,
śrutvāpyenaṃ veda na caiva kaścit || 29

dehī nityam avadhyo'yaṃ , dehe sarvasya bhārata |
tasmāt sarvāṇi bhūtāni , na tvaṃ śocitum arhasi || 30

svadharmam api cāvekṣya , na vikampitum arhasi |
dharmyāddhi yuddhācchreyo'nyat , kṣatriyasya na vidyate ||
31
yadṛcchayā copapannaṃ , svargadvāram apāvṛtam |
sukhinaḥ kṣatriyā× pārtha, labhante yuddhamīdṛśam || 32

atha cet tvamimaṃ dharmyam , saṅgrāmaṃ na kariṣyasi |
tatas svadharmaṃ kīrtiṃ ca, hitvā pāpam avāpsyasi || 33

akīrtiṃ cāpi bhūtāni , kathayiṣyanti te'vyayām |
sambhāvitasya cākīrtiḥ , maraṇādatiricyate || 34

bhayād raṇād uparatam , maṃsyante tvāṃ mahārathāḥ |
yeṣāṃ ca tvaṃ bahumataḥ , bhūtvā yāsyasi lāghavam || 35

avācyavādāṃśca bahūn , vadiṣyanti tavāhitāḥ |
nindantas tava sāmarthyam , tato duḥkhataraṃ nu kim || 36

hato vā prāpsyasi svargam , jitvā vā bhokṣyase mahīm |
tasmād uttiṣṭha kaunteya , yuddhāya kṛtaniścayaḥ || 37

sukhaduḥkhe same kṛtvā , lābhālābhau jayājayau |
tato yuddhāya yujyasva , naivaṃ pāpam avāpsyasi || 38

eṣā te'bhihitā sāṅkhye , buddhir yoge tvimāṃ śṛṇu |
buddhyā yukto yayā pārtha , karmabandhaṃ prahāsyasi || 39

nehābhikramanāśo'sti , pratyavāyo na vidyate |
svalpam apyasya dharmasya , trāyate mahato bhayāt || 40

vyavasāyātmikā buddhiḥ , ekeha kurunandana |
bahuśākhā hyanantāśca , buddhayo'vyavasāyinām || 41

yām imāṃ puṣpitāṃ vācam , pravadantyavipaścitaḥ |
vedavādaratā× pārtha , nānyadastīti vādinaḥ || 42

kāmātmānas svargaparāḥ , janmakarmaphalapradām |
kriyāviśeṣabahulām , bhogaiśvaryagatiṃ prati || 43

bhogaiśvaryaprasaktānām , tayāpahṛtacetasām |
vyavasāyātmikā buddhiḥ , samādhau na vidhīyate || 44

traiguṇyaviṣayā vedāḥ , nistraiguṇyo bhavārjuna |
nirdvandvo nityasattvasthaḥ , niryogakṣema ātmavān || 45

yāvānartha udapāne , sarvatas samplutodake |
tāvān sarveṣu vedeṣu , brāhmaṇasya vijānataḥ || 46

karmaṇyevādhikāraste , mā phaleṣu kadācana |
mā karmaphalahetur bhūḥ , mā te saṅgo'stvakarmaṇi || 47

yogastha× kuru karmāṇi , saṅgaṃ tyaktvā dhanañjaya |
siddhyasiddhyos samo bhūtvā , samatvaṃ yoga ucyate || 48

dūreṇa hyavaraṃ karma , buddhiyogād dhanañjaya |
buddhau śaraṇam anviccha , kṛpaṇā× phalahetavaḥ || 49

buddhiyukto jahātīha , ubhe sukṛtaduṣkṛte |
tasmād yogāya yujyasva , yoga× karmasu kauśalam || 50

karmajaṃ buddhiyuktā hi , phalaṃ tyaktvā manīṣiṇaḥ |
janmabandhavinirmuktāḥ , padaṃ gacchantyanāmayam|| 51

yadā te mohakalilam , buddhir vyatitariṣyati |
tadā gantāsi nirvedam , śrotavyasya śrutasya ca || 52

śrutivipratipannā te , yadā sthāsyati niścalā |
samādhāvacalā buddhiḥ , tadā yogam avāpsyasi || 53

arjuna uvāca

sthitaprajñasya kā bhāṣā , samādhisthasya keśava |
sthitadhīẖ kiṃ prabhāṣeta , kim āsīta vrajeta kim || 54

śrī bhagavān uvāca

prajahāti yadā kāmān , sarvān pārtha manogatān |
ātmanyevātmanā tuṣṭaḥ , sthitaprajñas tadocyate || 55

duḥkheṣvanud vignamanāḥ , sukheṣu vigataspṛhaḥ |
vītarāgabhayakrodhaḥ , sthitadhīr munir ucyate || 56

yas sarvatrānabhisnehaḥ , tat tat prāpya śubhāśubham |
nābhinandati na dveṣṭi , tasya prajñā pratiṣṭhitā || 57

yadā saṃharate cāyam , kūrmo'ṅgānīva sarvaśaḥ |
indriyāṇīndriyārthebhyaḥ , tasya prajñā pratiṣṭhitā || 58

viṣayā vinivartante , nirāhārasya dehinaḥ |
rasavarjaṃ raso'pyasya , paraṃ dṛṣṭvā nivartate || 59

yatato hyapi kaunteya , puruṣasya vipaścitaḥ |
indriyāṇi pramāthīni , haranti prasabhaṃ manaḥ || 60

tāni sarvāṇi saṃyamya , yukta āsīta matparaḥ |
vaśe hi yasyendriyāṇi , tasya prajñā pratiṣṭhitā || 61

dhyāyato viṣayān puṃsaḥ , saṅgasteṣūpajāyate |
saṅgāt sañjāyate kāmaḥ , kāmāt krodho'bhijāyate || 62

krodhād bhavati sammohaḥ , sammohāt smṛtivibhramaḥ |
smṛtibhraṃśād buddhināśaḥ , buddhināśāt praṇaśyati || 63

rāgadveṣaviyuktais tu , viṣayān indriyaiścaran |
ātmavaśyair vidheyātmā , prasādam adhigacchati || 64

prasāde sarvaduḥkhānām , hānirasyopajāyate |
prasannacetaso hyāśu , buddhi× paryavatiṣṭhate || 65

nāsti buddhir ayuktasya , na cāyuktasya bhāvanā |
na cābhāvayataś śāntiḥ ,aśāntasya kutas sukham || 66

indriyāṇāṃ hi caratām , yan mano'nuvidhīyate |
tadasya harati prajñām , vāyur nāvam ivāmbhasi || 67

tasmād yasya mahābāho , nigṛhītāni sarvaśaḥ |
indriyāṇīndriyārthebhyaḥ , tasya prajñā pratiṣṭhitā || 68

yā niśā sarvabhūtānām , tasyāṃ jāgarti saṃyamī |
yasyāṃ jāgrati bhūtāni , sā niśā paśyato muneḥ || 69

āpūryamāṇam acalapratiṣṭham ,
samudramāpa× praviśanti yadvat |
tadvat kāmā yaṃ praviśanti sarve ,
sa śāntim āpnoti na kāmakāmī || 70

vihāya kāmān yas sarvān , pumāṃścarati niḥspṛhaḥ |
nirmamo nirahaṅkāraḥ , sa śāntim adhigacchati || 71
eṣā brāhmī sthiti× pārtha , naināṃ prāpya vimuhyati |
sthitvāsyām antakāle'pi , brahmanirvāṇam ṛcchati || 72

oṃ tat sat | iti śrīmadbhagavadgītāsu upaniṣatsu
brahmavidyāyāṃ yogaśāstre śrīkṛṣṇārjunasaṃvāde
sāṅkhyayogo nāma dvitīyo'dhyāyaḥ || 2nd ||

3rd Chapter

oṃ śrī paramātmane namaḥ | atha tṛtīyo'dhyāyaḥ

arjuna uvāca
jyāyasī cet karmaṇas te , matā buddhir janārdana |
tatkiṃ karmaṇi ghore mām , niyojayasi keśava || 1

vyāmiśreṇeva vākyena , buddhiṃ mohayasīva me |
tadekaṃ vada niścitya , yena śreyo'ham āpnuyām || 2

śrī bhagavān uvāca
loke'smin dvividhā niṣṭhā , purā proktā mayānagha |
jñānayogena sāṅkhyānām , karmayogena yoginām || 3

na karmaṇām anārambhāt , naiṣkarmyaṃ puruṣo'śnute |
na ca saṃnyasanādeva , siddhiṃ samadhigacchati || 4

na hi kaścit kṣaṇam api , jātu tiṣṭhatyakarmakṛt |
kāryate hyavaśa× karma , sarva× prakṛtijair guṇaiḥ || 5

karmendriyāṇi saṃyamya , ya āste manasā smaran |
indriyārthān vimūḍhātmā , mithyācāras sa ucyate || 6

yastvindriyāṇi manasā , niyamyārabhate'rjuna |
karmendriyai× karmayogam , asaktas sa viśiṣyate || 7

niyataṃ kuru karma tvam , karma jyāyo hyakarmaṇaḥ |
śarīrayātrāpi ca te , na prasiddhyed akarmaṇaḥ || 8

yajñārthāt karmaṇo'nyatra , loko'yaṃ karmabandhanaḥ |
tadarthaṃ karma kaunteya , muktasaṅgas samācara || 9

sahayajñā× prajās sṛṣṭvā , purovāca prajāpatiḥ |
anena prasaviṣyadhvam , eṣa vo'stviṣṭakāmadhuk || 10

devān bhāvayatānena , te devā bhāvayantu vaḥ |
parasparaṃ bhāvayantaḥ , śreya× param avāpsyatha || 11

iṣṭān bhogān hi vo devāḥ , dāsyante yajñabhāvitāḥ |
tairdattānapradāyaibhyaḥ , yo bhuṅkte stena eva saḥ || 12

yajñaśiṣṭāśinas santaḥ , mucyante sarvakilbiṣaiḥ |
bhuñjate te tvaghaṃ pāpāḥ , ye pacantyātmakāraṇāt || 13

annādbhavanti bhūtāni , parjanyād annasambhavaḥ |
yajñādbhavati parjanyaḥ , yajña× karmasamudbhavaḥ || 14

karma brahmodbhavaṃ viddhi , brahmākṣarasamudbhavam |
tasmāt sarvagataṃ brahma , nityaṃ yajñe pratiṣṭhitam || 15

evaṃ pravartitaṃ cakram , nānuvartayatīha yaḥ |
aghāyurindriyārāmaḥ , moghaṃ pārtha sa jīvati || 16

yastvātmaratireva syāt , ātmatṛptaśca mānavaḥ |
ātmanyeva ca santuṣṭaḥ , tasya kāryaṃ na vidyate || 17

naiva tasya kṛtenārthaḥ , nākṛteneha kaścana |
na cāsya sarvabhūteṣu , kaścid arthavyapāśrayaḥ || 18

tasmād asaktas satataṃ , kāryaṃ karma samācara |
asakto hyācaran karma , param āpnoti pūruṣaḥ || 19

karmaṇaiva hi saṃsiddhim , āsthitā janakādayaḥ |
lokasaṅgrahamevāpi , sampaśyan kartumarhasi || 20

yad yadācarati śreṣṭhaḥ , tat tadevetaro janaḥ |
sa yat pramāṇaṃ kurute , lokas tad anuvartate || 21

na me pārthāsti kartavyam , triṣu lokeṣu kiñcana |
nānavāptam avāptavyam , varta eva ca karmaṇi || 22

yadi hyahaṃ na varteyam , jātu karmaṇyatandritaḥ |
mama vartmānuvartante , manuṣyā× pārtha sarvaśaḥ || 23

utsīdeyurime lokāḥ , na kuryāṃ karma cedaham |
saṅkarasya ca kartā syām , upahanyāmimā× prajāḥ || 24

saktā× karmaṇyavidvāṃsaḥ , yathā kurvanti bhārata |
kuryād vidvāṃstathāsaktaḥ , cikīrṣur lokasaṅgraham || 25

na buddhibhedaṃ janayet , ajñānāṃ karmasaṅginām |
joṣayet sarvakarmāṇi , vidvān yuktas samācaran || 26

prakṛte× kriyamāṇāni , guṇai× karmāṇi sarvaśaḥ |
ahaṅkāravimūḍhātmā , kartāham iti manyate || 27

tattvavit tu mahābāho , guṇakarmavibhāgayoḥ |
guṇā guṇeṣu vartante , iti matvā na sajjate || 28

prakṛter guṇasammūḍhāḥ , sajjante guṇakarmasu |
tān akṛtsnavido mandān , kṛtsnavin na vicālayet | | 29

mayi sarvāṇi karmāṇi , sannyasyādhyātmacetasā |
nirāśīr nirmamo bhūtvā , yudhyasva vigatajvaraḥ | | 30

ye me matam idaṃ nityam , anutiṣṭhanti mānavāḥ |
śraddhāvanto'nasūyantaḥ , mucyante te'pi karmabhiḥ | | 31

ye tvetad abhyasūyantaḥ , nānutiṣṭhanti me matam |
sarvajñānavimūḍhāṃstān , viddhi naṣṭān acetasaḥ | | 32

sadṛśaṃ ceṣṭate svasyāḥ , prakṛter jñānavānapi |
prakṛtiṃ yānti bhūtāni , nigraha× kiṃ kariṣyati | | 33

indriyasyendriyasyārthe , rāgadveṣau vyavasthitau |
tayorna vaśam āgacchet , tau hyasya paripanthinau | | 34

śreyān svadharmo viguṇaḥ , paradharmāt svanuṣṭhitāt |
svadharme nidhanaṃ śreyaḥ , paradharmo bhayāvahaḥ | | 35

<u>arjuna uvāca</u>
atha kena prayukto'yam , pāpaṃ carati pūruṣaḥ |
anicchannapi vārṣṇeya , balādiva niyojitaḥ | | 36

<u>śrī bhagavān uvāca</u>
kāma eṣa krodha eṣaḥ , rajoguṇasamudbhavaḥ |
mahāśano mahāpāpmā , viddhyenam iha vairiṇam | | 37

dhūmenāvriyate vahniḥ , yathādarśo malena ca |
yatholbenāvṛto garbhaḥ , tathā tenedamāvṛtam | | 38

āvṛtaṃ jñānam etena , jñānino nityavairiṇā |
kāmarūpeṇa kaunteya , duṣpūreṇānalena ca || 39

indriyāṇi mano buddhiḥ , asyādhiṣṭhānam ucyate |
etair vimohayatyeṣaḥ , jñānam āvṛtya dehinam || 40

tasmāt tvam indriyāṇyādau , niyamya bharatarṣabha |
pāpmānaṃ prajahi hyenam , jñānavijñānanāśanam || 41

indriyāṇi parāṇyāhuḥ , indriyebhya× paraṃ manaḥ |
manasastu parā buddhiḥ , yo buddhe× paratastu saḥ || 42

evaṃ buddhe× paraṃ buddhvā , saṃstabhyātmānam ātmanā|
jahi śatruṃ mahābāho , kāmarūpaṃ durāsadam || 43

om̐ tat sat |
iti śrīmadbhagavadgītāsu upaniṣatsu brahmavidyāyāṃ
yogaśāstre śrīkṛṣṇārjunasaṃvāde karmayogo nāma
tṛtīyo'dhyāyaḥ
|| 3rd ||

4th Chapter

om śrī paramātmane namaḥ | atha caturtho'dhyāyaḥ

<u>śrī bhagavān uvāca</u>
imaṃ vivasvate yogam , proktavān aham avyayam |
vivasvān manave prāha , manur ikṣvākave'bravīt || 1

evaṃ paramparāprāptam , imaṃ rājarṣayo viduḥ |
sa kāleneha mahatā , yogo naṣṭa× parantapa || 2

sa evāyaṃ mayā te'dya , yoga× prokta× purātanaḥ |
bhakto'si me sakhā ceti , rahasyaṃ hyetad uttamam || 3

<u>arjuna uvāca</u>
aparaṃ bhavato janma , paraṃ janma vivasvataḥ |
katham etad vijānīyām , tvam ādau proktavān iti || 4

<u>śrī bhagavān uvāca</u>
bahūni me vyatītāni , janmāni tava cārjuna |
tānyahaṃ veda sarvāṇi , na tvaṃ vettha parantapa || 5

ajo'pi sannavyayātmā , bhūtānām īśvaro'pi san |
prakṛtiṃ svām adhiṣṭhāya , sambhavāmyātmamāyayā || 6

yadā yadā hi dharmasya , glānir bhavati bhārata |
abhyutthānam adharmasya , tadātmānaṃ sṛjāmyaham ||7

paritrāṇāya sādhūnām , vināśāya ca duṣkṛtām |
dharmasaṃsthāpanārthāya , sambhavāmi yuge yuge || 8

janma karma ca me divyam , evaṃ yo vetti tattvataḥ |
tyaktvā dehaṃ punarjanma , naiti māmeti so'rjuna || 9

vītarāgabhayakrodhāḥ , manmayā mām upāśritāḥ |
bahavo jñānatapasā , pūtā madbhāvam āgatāḥ || 10

ye yathā māṃ prapadyante , tāṃstathaiva bhajāmyaham |
mama vartmānuvartante , manuṣyā× pārtha sarvaśaḥ || 11

kāṅkṣanta× karmaṇāṃ siddhim , yajanta iha devatāḥ |
kṣipraṃ hi mānuṣe loke , siddhir bhavati karmajā || 12

cāturvarṇyaṃ mayā sṛṣṭam , guṇakarmavibhāgaśaḥ |
tasya kartāram api mām , viddhyakartāram avyayam || 13

na māṃ karmāṇi limpanti , na me karmaphale spṛhā |
iti māṃ yo'bhijānāti , karmabhir na sa badhyate || 14

evaṃ jñātvā kṛtaṃ karma , pūrvairapi mumukṣubhiḥ |
kuru karmaiva tasmāt tvam , pūrvai× pūrvataraṃ kṛtam || 15

kiṃ karma kim akarmeti , kavayo'pyatra mohitāḥ |
tatte karma pravakṣyāmi , yaj jñātvā mokṣyase'śubhāt || 16

karmaṇo hyapi boddhavyam, boddhavyaṃ ca vikarmaṇaḥ |
akarmaṇaśca boddhavyam , gahanā karmaṇo gatiḥ || 17

karmaṇyakarma ya× paśyet , akarmaṇi ca karma yaḥ |
sa buddhimān manuṣyeṣu , sa yukta× kṛtsnakarmakṛt || 18

yasya sarve samārambhāḥ , kāmasaṅkalpavarjitāḥ |
jñānāgnidagdhakarmāṇam , tamāhu× paṇḍitaṃ budhāḥ || 19

tyaktvā karmaphalāsaṅgam , nityatṛpto nirāśrayaḥ |
karmaṇyabhipravṛtto'pi , naiva kiñcit karoti saḥ || 20

nirāśīr yatacittātmā , tyaktasarvaparigrahaḥ |
śārīraṃ kevalaṃ karma , kurvan nāpnoti kilbiṣam || 21

yadṛcchālābhasantuṣṭaḥ , dvandvātīto vimatsaraḥ |
samas siddhāvasiddhau ca , kṛtvāpi na nibadhyate || 22

gatasaṅgasya muktasya , jñānāvasthitacetasaḥ |
yajñāyācarata× karma , samagraṃ pravilīyate || 23

brahmārpaṇaṃ brahma haviḥ, brahmāgnau brahmaṇā hutam|
brahmaiva tena gantavyam , brahmakarmasamādhinā || 24

daivam evāpare yajñam , yogina× paryupāsate |
brahmāgnāvapare yajñam , yajñenaivopajuhvati || 25

śrotrādīni indriyāṇyanye , saṃyamāgniṣu juhvati |
śabdādīn viṣayān anye , indriyāgniṣu juhvati || 26

sarvāṇi indriyakarmāṇi , prāṇakarmāṇi cāpare |
ātmasaṃyamayogāgnau , juhvati jñānadīpite || 27

dravyayajñās tapoyajñāḥ , yogayajñās tathāpare |
svādhyāyajñānayajñāśca , yatayas saṃśitavratāḥ || 28

apāne juhvati prāṇam , prāṇe'pānaṃ tathāpare |
prāṇāpānagatī ruddhvā , prāṇāyāmaparāyaṇāḥ | | 29

apare niyatāhārāḥ , prāṇān prāṇeṣu juhvati |
sarve'pyete yajñavidaḥ , yajñakṣapitakalmaṣāḥ | | 30

yajñaśiṣṭāmṛtabhujaḥ , yānti brahma sanātanam |
nāyaṃ loko'styayajñasya , kuto'nya× kurusattama | | 31

evaṃ bahuvidhā yajñāḥ , vitatā brahmaṇo mukhe |
karmajān viddhi tān sarvān , evaṃ jñātvā vimokṣyase | | 32

śreyān dravyamayād yajñāt , jñānayajña× parantapa |
sarvaṃ karmākhilaṃ pārtha , jñāne parisamāpyate | | 33

tad viddhi praṇipātena , paripraśnena sevayā |
upadekṣyanti te jñānam , jñāninas tattvadarśinaḥ | | 34

yaj jñātvā na punarmoham , evaṃ yāsyasi pāṇḍava |
yena bhūtānyaśeṣeṇa , drakṣyasyātmanyatho mayi | | 35

api cedasi pāpebhyaḥ , sarvebhya× pāpakṛttamaḥ |
sarvaṃ jñānaplavenaiva , vṛjinaṃ santariṣyasi | | 36

yathaidhāṃsi samiddhogniḥ , bhasmasāt kurute'rjuna |
jñānāgnis sarvakarmāṇi , bhasmasāt kurute tathā | | 37

na hi jñānena sadṛśam , pavitram iha vidyate |
tat svayaṃ yogasaṃsiddhaḥ , kālenātmani vindati | | 38

śraddhāvām̐l labhate jñānam , tatparas saṃyatendriyaḥ |
jñānaṃ labdhvā parāṃ śāntim , acireṇādhigacchati || 39

ajñaś cāśraddadhānaśca , saṃśayātmā vinaśyati |
nāyaṃ loko'sti na paraḥ , na sukhaṃ saṃśayātmanaḥ || 40

yogasannyastakarmāṇam , jñānasañchinnasaṃśayam |
ātmavantaṃ na karmāṇi , nibadhnanti dhanañjaya || 41

tasmād ajñānasambhūtam , hṛtsthaṃ jñānāsinātmanaḥ |
chittvainaṃ saṃśayaṃ yogam , ātiṣṭhottiṣṭha bhārata || 42

om̐ tat sat |
iti śrīmadbhagavadgītāsu upaniṣatsu brahmavidyāyāṃ
yogaśāstre śrīkṛṣṇārjunasaṃvāde jñānakarmasannyāsayogo
nāma caturtho'dhyāyaḥ
|| 4th ||

5th Chapter

om̩ śrī paramātmane namaḥ | atha pañcamo'dhyāyaḥ

<u>arjuna uvāca</u>

sannyāsam̩ karmaṇām̩ kṛṣṇa , punar yogam̩ ca śam̩sasi |
yacchreya etayorekam , tanme brūhi suniścitam || 1

<u>śrī bhagavān uvāca</u>

sannyāsa× karmayogaśca , niḥśreyasakarāvubhau |
tayostu karmasannyāsāt , karmayogo viśiṣyate || 2

jñeyas sa nityasannyāsī , yo na dveṣṭi na kāṅkṣati |
nirdvandvo hi mahābāho , sukham̩ bandhāt pramucyate || 3

sāṅkhyayogau pṛthagbālāḥ , pravadanti na paṇḍitāḥ |
ekam apyāsthitas samyak , ubhayorvindate phalam || 4

yat sāṅkhyai× prāpyate sthānam , tad yogairapi gamyate |
ekam̩ sāṅkhyam̩ ca yogam̩ ca , ya× paśyati sa paśyati || 5

sannyāsastu mahābāho , duḥkhama āptum ayogataḥ |
yogayukto munir brahma , nacireṇādhigacchati || 6

yogayukto viśuddhātmā , vijitātmā jitendriyaḥ |
sarvabhūtātmabhūtātmā , kurvannapi na lipyate || 7

naiva kiñcit karomīti , yukto manyeta tattvavit |
paśyañśṛṇvan spṛśañjighran ,
aśnan gacchan svapañśvasan || 8

pralapan visṛjan gṛhṇan , unmiṣan nimiṣannapi |
indriyāṇīndriyārtheṣu , vartanta iti dhārayan || 9

brahmaṇyādhāya karmāṇi , saṅgaṃ tyaktvā karoti yaḥ |
lipyate na sa pāpena , padmapatram ivāmbhasā || 10

kāyena manasā buddhyā , kevalair indriyairapi |
yogina× karma kurvanti , saṅgaṃ tyaktvātmaśuddhaye || 11

yukta× karmaphalaṃ tyaktvā , śāntim āpnoti naiṣṭhikīm |
ayukta× kāmakāreṇa , phale sakto nibadhyate || 12

sarvakarmāṇi manasā , sannyasyāste sukhaṃ vaśī |
navadvāre pure dehī , naiva kurvan na kārayan || 13

na kartṛtvaṃ na karmāṇi , lokasya sṛjati prabhuḥ |
na karmaphalasaṃyogam , svabhāvastu pravartate || 14

nādatte kasyacit pāpam , na caiva sukṛtaṃ vibhuḥ |
ajñānenāvṛtaṃ jñānam , tena muhyanti jantavaḥ || 15

jñānena tu tad ajñānam , yeṣāṃ nāśitamātmanaḥ |
teṣām ādityavajjñānam , prakāśayati tat param || 16

tadbuddhayas tadātmānaḥ , tanniṣṭhās tatparāyaṇāḥ |
gacchantyapunarāvṛttim , jñānanirdhūtakalmaṣāḥ || 17

vidyāvinayasampanne , brāhmaṇe gavi hastini |
śuni caiva śvapāke ca , paṇḍitās samadarśinaḥ || 18

ihaiva tairjitas sargaḥ , yeṣāṃ sāmye sthitaṃ manaḥ |
nirdoṣaṃ hi samaṃ brahma , tasmād brahmaṇi te sthitāḥ ||19

na prahṛṣyetpriyaṃ prāpya , nodvijet prāpya cāpriyam |
sthirabuddhir asammūḍhaḥ , brahmavid brahmaṇi sthitaḥ||20

bāhyasparśeṣvasaktātmā , vindatyātmani yat sukham |
sa brahmayogayuktātmā , sukham akṣayam aśnute || 21

ye hi saṃsparśajā bhogāḥ , duḥkhayonaya eva te |
ādyantavanta× kaunteya , na teṣu ramate budhaḥ || 22

śaknotīhaiva yas soḍhum , prāk śarīravimokṣaṇāt |
kāmakrodhodbhavaṃ vegam , sa yuktas sa sukhī naraḥ || 23

yo'ntas sukho'ntarārāmaḥ , tathāntarjyotireva yaḥ |
sa yogī brahmanirvāṇam , brahmabhūto'dhigacchati || 24

labhante brahmanirvāṇam , ṛṣayaḥ kṣīṇakalmaṣāḥ |
chinnadvaidhā yatātmānaḥ , sarvabhūtahite ratāḥ || 25

kāmakrodhaviyuktānām , yatīnāṃ yatacetasām |
abhito brahmanirvāṇam , vartate viditātmanām || 26

sparśān kṛtvā bahir bāhyān , cakṣuś caivāntare bhruvoḥ |
prāṇāpānau samau kṛtvā , nāsābhyantaracāriṇau || 27

yatendriyamanobuddhiḥ , munir mokṣaparāyaṇaḥ |
vigatecchābhayakrodhaḥ , yas sadā mukta eva saḥ || 28

bhoktāraṃ yajñatapasām , sarvalokamaheśvaram |
suhṛdaṃ sarvabhūtānām , jñātvā māṃ śāntim ṛcchati || 29

oṃ tat sat |
iti śrīmadbhagavadgītāsu upaniṣatsu brahmavidyāyāṃ yogaśāstre śrīkṛṣṇārjunasaṃvāde karmasannyāsayogo nāma pañcamo'dhyāyaḥ
|| 5th ||

6th Chapter

om̩ śrī paramātmane namaḥ | atha ṣaṣṭho'dhyāyaḥ

śrī bhagavān uvāca

anāśrita× karmaphalam , kāryaṃ karma karoti yaḥ |
sa sannyāsī ca yogī ca , na niragnir na cākriyaḥ || 1

yaṃ sannyāsam iti prāhuḥ , yogaṃ taṃ viddhi pāṇḍava |
na hyasannyastasaṅkalpaḥ , yogī bhavati kaścana || 2

āruruksor muner yogam , karma kāraṇam ucyate |
yogārūḍhasya tasyaiva , śama× kāraṇam ucyate || 3

yadā hi nendriyārtheṣu , na karmasvanuṣajjate |
sarvasaṅkalpasannyāsī , yogārūḍhas tadocyate || 4

uddharedātmanātmānam , nātmānam avasādayet |
ātmaiva hyātmano bandhuḥ , ātmaiva ripurātmanaḥ || 5

bandhurātmātmanas tasya , yenātmaivātmanā jitaḥ |
anātmanas tu śatrutve , vartetātmaiva śatruvat || 6

jitātmana× praśāntasya , paramātmā samāhitaḥ |
śītoṣṇasukhaduḥkheṣu , tathā mānāpamānayoḥ || 7

jñānavijñānatṛptātmā , kūṭastho vijitendriyaḥ |
yukta ityucyate yogī , samaloṣṭāśmakāñcanaḥ || 8

suhṛnmitrāryudāsīnamadhyasthadveṣyabandhuṣu |
sādhuṣvapi ca pāpeṣu , samabuddhir viśiṣyate || 9

yogī yuñjīta satatam , ātmānaṃ rahasi sthitaḥ |
ekākī yatacittātmā , nirāśīraparigrahaḥ | | 10

śucau deśe pratiṣṭhāpya , sthiram āsanamātmanaḥ |
nātyucchritaṃ nātinīcam , cailājinakuśottaram | | 11

tatraikāgraṃ mana× kṛtvā , yatacittendriyakriyaḥ |
upaviśyāsane yuñjyāt , yogam ātmaviśuddhaye | | 12

samaṃ kāyaśirogrīvam , dhārayannacalaṃ sthiraḥ |
samprekṣya nāsikāgraṃ svam , diśaś cānavalokayan | | 13

praśāntātmā vigatabhīḥ , brahmacārivrate sthitaḥ |
manas saṃyamya maccittaḥ , yukta āsīta matparaḥ | | 14

yuñjannevaṃ sadātmānam , yogī niyatamānasaḥ |
śāntiṃ nirvāṇaparamām , matsaṃsthām adhigacchati | | 15

nātyaśnatas tu yogo'sti , na caikāntam anaśnataḥ |
na cāti svapnaśīlasya , jāgrato naiva cārjuna | | 16

yuktāhāravihārasya , yuktaceṣṭasya karmasu |
yuktasvapnāvabodhasya , yogo bhavati duḥkhahā | | 17

yadā viniyataṃ cittam , ātmanyevāvatiṣṭhate |
niḥspṛhas sarvakāmebhyaḥ , yukta ityucyate tadā | | 18

yathā dīpo nivātasthaḥ , neṅgate sopamā smṛtā |
yogino yatacittasya , yuñjato yogamātmanaḥ | | 19

yatroparamate cittam , niruddhaṃ yogasevayā |
yatra caivātmanātmānam , paśyannātmani tuṣyati || 20

sukhamātyantikaṃ yat tat , buddhigrāhyam atīndriyam |
vetti yatra na caivāyam , sthitaś calati tattvataḥ || 21

yaṃ labdhvā cāparaṃ lābham , manyate nādhikaṃ tataḥ |
yasmin sthito na duḥkhena , guruṇāpi vicālyate || 22

taṃ vidyād duḥkhasaṃyoga¯viyogaṃ yogasañjñitam |
sa niścayena yoktavyaḥ , yogo'nirviṇṇacetasā || 23

saṅkalpaprabhavān kāmān , tyaktvā sarvān aśeṣataḥ |
manasaivendriyagrāmam , viniyamya samantataḥ || 24

śanaiś śanairuparamet , buddhyā dhṛtigṛhītayā |
ātmasaṃsthaṃ mana× kṛtvā, na kiñcid api cintayet || 25

yato yato niścarati , manaś cañcalam asthiram |
tatas tato niyamyaitat , ātmanyeva vaśaṃ nayet || 26

praśāntamanasaṃ hyenam , yoginaṃ sukham uttamam |
upaiti śāntarajasam , brahmabhūtam akalmaṣam || 27

yuñjannevaṃ sadātmānam , yogī vigatakalmaṣaḥ |
sukhena brahmasaṃsparśam , atyantaṃ sukham aśnute || 28

sarvabhūtasthamātmānam , sarvabhūtāni cātmani |
īkṣate yogayuktātmā , sarvatra samadarśanaḥ || 29

yo māṃ paśyati sarvatra , sarvaṃ ca mayi paśyati |
tasyāhaṃ na praṇaśyāmi , sa ca me na praṇaśyati || 30

sarvabhūtasthitaṃ yo mām , bhajatyekatvamāsthitaḥ |
sarvathā vartamāno'pi , sa yogī mayi vartate || 31

ātmaupamyena sarvatra , samaṃ paśyati yo'rjuna |
sukhaṃ vā yadi vā duḥkham , sa yogī paramo mataḥ || 32

arjuna uvāca
yo'yaṃ yogastvayā proktaḥ , sāmyena madhusūdana |
etasyāhaṃ na paśyāmi , cañcalatvāt sthitiṃ sthirām || 33

cañcalaṃ hi mana× kṛṣṇa , pramāthi balavad dṛḍham |
tasyāhaṃ nigrahaṃ manye , vāyoriva suduṣkaram || 34

śrī bhagavān uvāca
asaṃśayaṃ mahābāho , mano durnigrahaṃ calam |
abhyāsena tu kaunteya , vairāgyeṇa ca gṛhyate || 35

asaṃyatātmanā yogaḥ , duṣprāpa iti me matiḥ |
vaśyātmanā tu yatatā , śakyo'vāptum upāyataḥ || 36

arjuna uvāca
ayatiś śraddhayopetaḥ , yogāccalitamānasaḥ |
aprāpya yogasaṃsiddhim , kāṃ gatiṃ kṛṣṇa gacchati || 37

kaccin nobhayavibhraṣṭaḥ , chinnābhramiva naśyati |
apratiṣṭho mahābāho , vimūḍho brahmaṇa× pathi || 38

etanme saṃśayaṃ kṛṣṇa , chettum arhasyaśeṣataḥ |
tvadanyas saṃśayasyāsya , chettā na hyupapadyate || 39

<u>śrī bhagavān uvāca</u>
pārtha naiveha nāmutra , vināśas tasya vidyate |
na hi kalyāṇakṛt kaścit , durgatiṃ tāta gacchati || 40

prāpya puṇyakṛtāṃ lokān , uṣitvā śāśvatīs samāḥ |
śucīnāṃ śrīmatāṃ gehe , yogabhraṣṭo'bhijāyate || 41

athavā yoginām eva , kule bhavati dhīmatām |
etaddhi durlabhataram , loke janma yadīdṛśam || 42

tatra taṃ buddhisaṃyogam , labhate paurvadehikam |
yatate ca tato bhūyaḥ , saṃsiddhau kurunandana || 43

pūrvābhyāsena tenaiva , hriyate hyavaśo'pi saḥ |
jijñāsurapi yogasya , śabdabrahmātivartate || 44

prayatnād yatamānas tu , yogī saṃśuddhakilbiṣaḥ |
anekajanmasaṃsiddhaḥ , tato yāti parāṃ gatim || 45

tapasvibhyo'dhiko yogī , jñānibhyo'pi mato'dhikaḥ |
karmibhyaś cādhiko yogī , tasmād yogī bhavārjuna || 46

yoginām api sarveṣām , madgatenāntarātmanā |
śraddhāvān bhajate yo mām , sa me yuktatamo mataḥ || 47

oṃ tat sat | iti śrīmadbhagavadgītāsu upaniṣatsu brahmavidyāyāṃ yogaśāstre śrīkṛṣṇārjunasaṃvāde ātmasaṃyamayogo nāma ṣaṣṭho'dhyāyaḥ || 6th ||

7th Chapter

oṃ śrī paramātmane namaḥ	atha saptamo'dhyāyaḥ

<u>śrī bhagavān uvāca</u>

mayyāsaktamanā× pārtha , yogaṃ yuñjan madāśrayaḥ |
asaṃśayaṃ samagraṃ mām , yathā jñāsyasi tac chṛṇu || 1

jñānaṃ te'haṃ savijñānam , idaṃ vakṣyāmyaśeṣataḥ |
yaj jñātvā neha bhūyo'nyat , jñātavyam avaśiṣyate || 2

manuṣyāṇāṃ sahasreṣu , kaścid yatati siddhaye |
yatatām api siddhānām ,kaścin māṃ vetti tattvataḥ || 3

bhūmirāpo'nalo vāyuḥ , khaṃ mano buddhireva ca |
ahaṅkāra itīyaṃ me , bhinnā prakṛtir aṣṭadhā || 4

apareyamitastvanyām , prakṛtiṃ viddhi me parām |
jīvabhūtāṃ mahābāho , yayedaṃ dhāryate jagat || 5

etad yonīni bhūtāni , sarvāṇītyupadhāraya |
ahaṃ kṛtsnasya jagataḥ , prabhava× pralayas tathā || 6

matta× parataraṃ nānyat , kiñcid asti dhanañjaya |
mayi sarvam idaṃ protam , sūtre maṇigaṇā iva || 7

raso'hamapsu kaunteya , prabhāsmi śaśisūryayoḥ |
praṇavas sarvavedeṣu , śabda× khe pauruṣaṃ nṛṣu || 8

puṇyo gandha× pṛthivyāṃ ca , tejaś cāsmi vibhāvasau |
jīvanaṃ sarvabhūteṣu , tapaś cāsmi tapasviṣu | | 9

bījaṃ māṃ sarvabhūtānām , viddhi pārtha sanātanam |
buddhir buddhimatām asmi , tejas tejasvinām aham | | 10

balaṃ balavatāṃ cāham , kāmarāgavivarjitam |
dharmāviruddho bhūteṣu , kāmo'smi bharatarṣabha | | 11

ye caiva sāttvikā bhāvāḥ , rājasās tāmasāś ca ye |
matta eveti tān viddhi , na tvahaṃ teṣu te mayi | | 12

tribhir guṇamayair bhāvaiḥ , ebhis sarvam idaṃ jagat |
mohitaṃ nābhijānāti , māmebhya× param avyayam | | 13

daivī hyeṣā guṇamayī , mama māyā duratyayā |
māmeva ye prapadyante , māyāmetāṃ taranti te | | 14

na māṃ duṣkṛtino mūḍhāḥ , prapadyante narādhamāḥ |
māyayāpahṛtajñānāḥ , āsuraṃ bhāvamāśritāḥ | | 15

caturvidhā bhajante mām , janās sukṛtino'rjuna |
ārto jijñāsur arthārthī , jñānī ca bharatarṣabha | | 16

teṣāṃ jñānī nityayuktaḥ , ekabhaktir viśiṣyate |
priyo hi jñānino'tyartham , ahaṃ sa ca mama priyaḥ | | 17

udārās sarva evaite , jñānī tvātmaiva me matam |
āsthitas sa hi yuktātmā , māmevānuttamāṃ gatim | | 18

bahūnāṃ janmanām ante , jñānavān māṃ prapadyate |
vāsudevas sarvam iti , sa mahātmā sudurlabhaḥ | | 19

kāmais tais tair hṛtajñānāḥ , prapadyante'nyadevatāḥ |
taṃ taṃ niyamamāsthāya , prakṛtyā niyatās svayā | | 20

yo yo yāṃ yāṃ tanuṃ bhaktaḥ , śraddhayārcitum icchati |
tasya tasyācalāṃ śraddhām , tām eva vidadhāmyaham | | 21

sa tayā śraddhayā yuktaḥ , tasyārādhanamīhate |
labhate ca tata× kāmān , mayaiva vihitān hi tān | | 22

antavat tu phalaṃ teṣām , tadbhavatyalpamedhasām |
devān devayajo yānti , madbhaktā yānti mām api | | 23

avyaktaṃ vyaktimāpannam , manyante mām abuddhayaḥ |
paraṃ bhāvam ajānantaḥ , mamāvyayam anuttamam | | 24

nāhaṃ prakāśas sarvasya , yogamāyāsamāvṛtaḥ |
mūḍho'yaṃ nābhijānāti , loko mām ajam avyayam | | 25

vedāhaṃ samatītāni , vartamānāni cārjuna |
bhaviṣyāṇi ca bhūtāni , māṃ tu veda na kaścana | | 26

icchādveṣasamutthena , dvandvamohena bhārata |
sarvabhūtāni sammoham , sarge yānti parantapa | | 27

yeṣāṃ tvantagataṃ pāpam, janānāṃ puṇyakarmaṇām |
te dvandvamohanirmuktāḥ , bhajante māṃ dṛḍhavratāḥ | | 28

jarāmaraṇamokṣāya , mām āśritya yatanti ye |
te brahma tad vidu× kṛtsnam , adhyātmaṃ karma cākhilam | |
29

sādhibhūtādhidaivaṃ mām , sādhiyajñaṃ ca ye viduḥ |
prayāṇakāle'pi ca mām , te vidur yuktacetasaḥ | | 30

om tat sat |
iti śrīmadbhagavadgītāsu upaniṣatsu brahmavidyāyāṃ
yogaśāstre śrīkṛṣṇārjunasaṃvāde jñānavijñānayogo nāma
saptamo'dhyāyaḥ
|| 7th ||

8th Chapter

om̩ śrī paramātmane namaḥ | atha aṣṭamo'dhyāyaḥ

<u>arjuna uvāca</u>
kim̩ tad brahma kim adhyātmam, kim̩ karma puruṣottama |
adhibhūtam̩ ca kim̩ proktam , adhidaivam̩ kim ucyate || 1

adhiyajña× katham̩ ko'tra , dehe'smin madhusūdana |
prayāṇakāle ca katham , jñeyo'si niyatātmabhiḥ || 2

<u>śrī bhagavān uvāca</u>
akṣaram̩ brahma paramam , svabhāvo'dhyātmam ucyate |
bhūtabhāvodbhavakaraḥ , visarga× karmasañjñitaḥ || 3

adhibhūtam̩ kṣaro bhāvaḥ , puruṣaś cādhidaivatam |
adhiyajño'hamevātra , dehe dehabhṛtām̩ vara || 4

antakāle ca mām eva , smaran muktvā kalevaram |
ya× prayāti sa madbhāvam , yāti nāstyatra sam̩śayaḥ || 5

yam̩ yam̩ vāpi smaran bhāvam , tyajatyante kalevaram |
tam̩ tamevaiti kaunteya , sadā tadbhāvabhāvitaḥ || 6

tasmāt sarveṣu kāleṣu , mām anusmara yudhya ca |
mayyarpitamanobuddhiḥ , māmevaiṣyasyasam̩śayam || 7

abhyāsayogayuktena , cetasā nānyagāminā |
paramam̩ puraṣam̩ divyam , yāti pārthānucintayan || 8

kaviṃ purāṇam anuśāsitāram ,
aṇoraṇīyāṃsam anusmared yaḥ |
sarvasya dhātāram acintyarūpam ,
ādityavarṇaṃ tamasa× parastāt || 9

prayāṇakāle manasācalena ,
bhaktyā yukto yogabalena caiva |
bhruvor madhye prāṇam āveśya samyak ,
sa taṃ paraṃ puruṣam upaiti divyam || 10

yad akṣaraṃ vedavido vadanti ,
viśanti yad yatayo vītarāgāḥ |
yadicchanto brahmacaryaṃ caranti ,
tatte padaṃ saṅgraheṇa pravakṣye || 11

sarvadvārāṇi saṃyamya , mano hṛdi nirudhya ca |
mūrdhnyādhāyātmana× prāṇam,āsthito yogadhāraṇām || 12

oṃ ityekākṣaraṃ brahma , vyāharan mām anusmaran |
ya× prayāti tyajan deham , sa yāti paramāṃ gatim || 13

ananyacetās satatam , yo māṃ smarati nityaśaḥ |
tasyāhaṃ sulabha× pārtha , nityayuktasya yoginaḥ || 14

mām upetya punarjanma , duḥkhālayam aśāśvatam |
nāpnuvanti mahātmānaḥ , saṃsiddhiṃ paramāṃ gatāḥ || 15

ābrahmabhuvanāllokāḥ , punarāvartino'rjuna |
mām upetya tu kaunteya , punarjanma na vidyate || 16

sahasrayugaparyantam , aharyadbrahmaṇo viduḥ |
rātriṃ yugasahasrāntām , te'horātravido janāḥ || 17

avyaktād vyaktayas sarvāḥ , prabhavantyaharāgame |
rātryāgame pralīyante , tatraivāvyaktasañjñake || 18

bhūtagrāmas sa evāyam , bhūtvā bhūtvā pralīyate |
rātryāgame'vaśa× pārtha , prabhavatyaharāgame || 19

paras tasmāt tu bhāvo'nyaḥ , avyakto'vyaktāt sanātanaḥ |
yas sa sarveṣu bhūteṣu , naśyatsu na vinaśyati || 20

avyakto'kṣara ityuktaḥ , tamāhu× paramāṃ gatim |
yaṃ prāpya na nivartante , taddhāma paramaṃ mama || 21

puruṣas sa para× pārtha , bhaktyā labhyas tvananyayā |
yasyāntaḥsthāni bhūtāni , yena sarvam idaṃ tatam || 22

yatra kāle tvanāvṛttim , āvṛttiṃ caiva yoginaḥ |
prayātā yānti taṃ kālam , vakṣyāmi bharatarṣabha || 23

agnir jyotirahaḥ śuklaḥ , ṣaṇmāsā uttarāyaṇam |
tatra prayātā gacchanti , brahma brahmavido janāḥ || 24

dhūmo rātris tathā kṛṣṇaḥ , ṣaṇmāsā dakṣiṇāyanam |
tatra cāndramasaṃ jyotiḥ , yogī prāpya nivartate || 25

śuklakṛṣṇe gatī hyete , jagataś śāśvate mate |
ekayā yātyanāvṛttim , anyayāvartate punaḥ || 26

naite sṛtī pārtha jānan , yogī muhyati kaścana |
tasmāt sarveṣu kāleṣu , yogayukto bhavārjuna || 27

vedeṣu yajñeṣu tapaḥsu caiva ,
dāneṣu yat puṇyaphalaṃ pradiṣṭam |
atyeti tat sarvam idaṃ viditvā ,
yogī paraṃ sthānam upaiti cādyam || 28

om tat sat |
iti śrīmadbhagavadgītāsu upaniṣatsu brahmavidyāyāṃ
yogaśāstre śrīkṛṣṇārjunasaṃvāde akṣarabrahmyogo nāma
aṣṭamo'dhyāyaḥ
|| 8th ||

9th Chapter

oṃ śrī paramātmane namaḥ | atha navamo'dhyāyaḥ

<u>śrī bhagavān uvāca</u>
idaṃ tu te guhyatamam , pravakṣyāmyanasūyave |
jñānaṃ vijñānasahitam , yaj jñātvā mokṣyase'śubhāt || 1

rājavidyā rājaguhyam , pavitram idam uttamam |
pratyakṣāvagamaṃ dharmyam , susukhaṃ kartum avyayam || 2

aśraddadhānā× puruṣāḥ , dharmasyāsya parantapa |
aprāpya māṃ nivartante , mṛtyusaṃsāravartmani || 3

mayā tatam idaṃ sarvam , jagad avyaktamūrtinā |
matsthāni sarvabhūtāni , na cāhaṃ teṣvavasthitaḥ || 4

na ca matsthāni bhūtāni , paśya me yogamaiśvaram |
bhūtabhṛnna ca bhūtasthaḥ , mamātmā bhūtabhāvanaḥ || 5

yathākāśasthito nityam , vāyus sarvatrago mahān |
tathā sarvāṇi bhūtāni , matsthānītyupadhāraya || 6

sarvabhūtāni kaunteya , prakṛtiṃ yānti māmikām |
kalpakṣaye punas tāni , kalpādau visṛjāmyaham || 7

prakṛtiṃ svām avaṣṭabhya , visṛjāmi puna punaḥ |
bhūtagrāmam imaṃ kṛtsnam , avaśaṃ prakṛtervaśāt || 8

na ca māṃ tāni karmāṇi , nibadhnanti dhanañjaya |
udāsīnavadāsīnam , asaktaṃ teṣu karmasu || 9

mayādhyakṣeṇa prakṛtiḥ , sūyate sacarācaram |
hetunānena kaunteya , jagad viparivartate || 10

avajānanti māṃ mūḍhāḥ , mānuṣīṃ tanum āśritam |
paraṃ bhāvam ajānantaḥ , mama bhūtamaheśvaram || 11

moghāśā moghakarmāṇaḥ , moghajñānā vicetasaḥ |
rākṣasīm āsurīṃ caiva , prakṛtiṃ mohinīṃ śritāḥ || 12

mahātmānas tu māṃ pārtha , daivīṃ prakṛtim āśritāḥ |
bhajantyananyamanasaḥ , jñātvā bhūtādim avyayam || 13

satataṃ kīrtayanto mām , yatantaśca dṛḍhavratāḥ |
namasyantaśca māṃ bhaktyā , nityayuktā upāsate || 14

jñānayajñena cāpyanye , yajanto mām upāsate |
ekatvena pṛthaktvena , bahudhā viśvatomukham || 15

ahaṃ kraturahaṃ yajñaḥ , svadhāhamahamauṣadham |
mantro'hamahamevājyam , aham agnir ahaṃ hutam || 16

pitāhamasya jagataḥ , mātā dhātā pitāmahaḥ |
vedyaṃ pavitram oṅkāraḥ , ṛk sāma yajur eva ca || 17

gatir bhartā prabhus sākṣī , nivāsaś śaraṇaṃ suhṛt |
prabhava× pralayas sthānam , nidhānaṃ bījam avyayam || 18

tapāmyahamahaṃ varṣam , nigṛhṇāmyutsṛjāmi ca |
amṛtaṃ caiva mṛtyuśca , sad asaccāham arjuna || 19

traividyā māṃ somapā× pūtapāpāḥ ,
yajñairiṣṭvā svargatiṃ prārthayante |
te puṇyamāsādya surendralokam ,
aśnanti divyān divi devabhogān || 20

te taṃ bhuktvā svargalokaṃ viśālam ,
kṣīṇe puṇye martyalokaṃ viśanti |
evaṃ trayīdharmam anuprapannāḥ ,
gatāgataṃ kāmakāmā labhante || 21

ananyāś cintayanto mām , ye janā× paryupāsate |
teṣāṃ nityābhiyuktānām , yogakṣemaṃ vahāmyaham || 22

ye'pyanyadevatā bhaktāḥ , yajante śraddhayānvitāḥ |
te'pi māmeva kaunteya , yajantyavidhipūrvakam || 23

ahaṃ hi sarvayajñānām , bhoktā ca prabhureva ca |
na tu mām abhijānanti , tattvenātaś cyavanti te || 24

yānti devavratā devān , pitṝnyānti pitṛvratāḥ |
bhūtāni yānti bhūtejyāḥ , yānti madyājino'pi mām || 25

patraṃ puṣpaṃ phalaṃ toyam , yo me bhaktyā prayacchati |
tad ahaṃ bhaktyupahṛtam , aśnāmi prayatātmanaḥ || 26

yat karoṣi yad aśnāsi , yaj juhoṣi dadāsi yat |
yat tapasyasi kaunteya , tat kuruṣva madarpaṇam || 27

śubhāśubhaphalairevam , mokṣyase karmabandhanaiḥ |
sannyāsayogayuktātmā , vimukto mām upaiṣyasi || 28

samo'haṃ sarvabhūteṣu , na me dveṣyo'sti na priyaḥ |
ye bhajanti tu māṃ bhaktyā , mayi te teṣu cāpyaham || 29

api cet sudurācāraḥ , bhajate mām ananyabhāk |
sādhureva sa mantavyaḥ , samyagvyavasito hi saḥ || 30

kṣipraṃ bhavati dharmātmā, śaśvac chāntiṃ nigacchati|
kaunteya pratijānīhi , na me bhakta× praṇaśyati || 31

māṃ hi pārtha vyapāśritya , ye'pi syu× pāpayonayaḥ |
striyo vaiśyās tathā śūdrāḥ , te'pi yānti parāṃ gatim || 32

kiṃ punar brāhmaṇā× puṇyāḥ , bhaktā rājarṣayas tathā |
anityam asukhaṃ lokam , imaṃ prāpya bhajasva mām || 33

manmanā bhava madbhaktaḥ , madyājī māṃ namaskuru |
māmevaiṣyasi yuktvaivam , ātmānaṃ matparāyaṇaḥ || 34

oṃ tat sat |
iti śrīmadbhagavadgītāsu upaniṣatsu brahmavidyāyāṃ
yogaśāstre śrīkṛṣṇārjunasaṃvāde rājavidyārājaguhyayogo
nāma navamo'dhyāyaḥ
|| 9th ||

10th Chapter

oṃ śrī paramātmane namaḥ | atha daśamo'dhyāyaḥ

<u>śrī bhagavān uvāca</u>
bhūya eva mahābāho , śṛṇu me paramaṃ vacaḥ |
yatte'haṃ prīyamāṇāya , vakṣyāmi hitakāmyayā || 1

na me vidus suragaṇāḥ , prabhavaṃ na maharṣayaḥ |
aham ādir hi devānām , maharṣīṇāṃ ca sarvaśaḥ || 2

yo mām ajam anādiṃ ca , vetti lokamaheśvaram |
asammūḍhas sa martyeṣu , sarvapāpai× pramucyate || 3

buddhir jñānam asammohaḥ , kṣamā satyaṃ damaś śamaḥ |
sukhaṃ duḥkhaṃ bhavo'bhāvaḥ , bhayaṃ cābhayam eva ca || 4
ahiṃsā samatā tuṣṭiḥ , tapo dānaṃ yaśo'yaśaḥ |
bhavanti bhāvā bhūtānām , matta eva pṛthagvidhāḥ || 5

maharṣayas sapta pūrve , catvāro manavas tathā |
madbhāvā mānasā jātāḥ , yeṣāṃ loka imā× prajāḥ || 6

etāṃ vibhūtiṃ yogaṃ ca , mama yo vetti tattvataḥ |
so'vikampena yogena , yujyate nātra saṃśayaḥ || 7

ahaṃ sarvasya prabhavaḥ , mattas sarvaṃ pravartate |
iti matvā bhajante mām , budhā bhāvasamanvitāḥ || 8

maccittā madgataprāṇāḥ , bodhayanta× parasparam |
kathayantaśca māṃ nityam , tuṣyanti ca ramanti ca || 9

teṣāṃ satatayuktānām , bhajatāṃ prītipūrvakam |
dadāmi buddhiyogaṃ tam , yena mām upayānti te || 10

teṣām evānukampārtham , aham ajñānajaṃ tamaḥ |
nāśayāmyātmabhāvasthaḥ , jñānadīpena bhāsvatā || 11

arjuna uvāca
paraṃ brahma paraṃ dhāma , pavitraṃ paramaṃ bhavān |
puruṣaṃ śāśvataṃ divyam , ādidevam ajaṃ vibhum || 12

āhus tvām ṛṣayas sarve , devarṣir nāradas tathā |
asito devalo vyāsaḥ , svayaṃ caiva bravīṣi me || 13

sarvam etad ṛtaṃ manye , yanmāṃ vadasi keśava |
na hi te bhagavan vyaktim , vidur devā na dānavāḥ || 14

svayam evātmanātmānam , vettha tvaṃ puruṣottama |
bhūtabhāvana bhūteśa , devadeva jagatpate || 15

vaktum arhasyaśeṣeṇa , divyā hyātmavibhūtayaḥ |
yābhir vibhūtibhir lokān , imāṃstvaṃ vyāpya tiṣṭhasi||16

kathaṃ vidyāmahaṃ yogin , tvāṃ sadā paricintayan |
keṣu keṣu ca bhāveṣu , cintyo'si bhagavan mayā || 17

vistareṇātmano yogam , vibhūtiṃ ca janārdana |
bhūya× kathaya tṛptir hi , śṛṇvato nāsti me'mṛtam || 18

śrī bhagavān uvāca
hanta te kathayiṣyāmi , divyā hyātmavibhūtayaḥ |
prādhānyata× kuruśreṣṭha , nāstyanto vistarasya me|| 19

aham ātmā guḍākeśa , sarvabhūtāśayasthitaḥ |
aham ādiśca madhyaṃ ca , bhūtānāmanta eva ca || 20

ādityānām ahaṃ viṣṇuḥ , jyotiṣāṃ ravir aṃśumān |
marīcir marutām asmi , nakṣatrāṇām ahaṃ śaśī || 21

vedānāṃ sāmavedo'smi , devānām asmi vāsavaḥ |
indriyāṇāṃ manaś cāsmi , bhūtānām asmi cetanā || 22

rudrāṇāṃ śaṅkaraś cāsmi , vitteśo yakṣarakṣasām |
vasūnāṃ pāvakaś cāsmi , meruś śikhariṇām aham || 23

purodhasāṃ ca mukhyaṃ mām , viddhi pārtha bṛhaspatim |
senānīnām ahaṃ skandaḥ , sarasām asmi sāgaraḥ || 24

maharṣīṇāṃ bhṛgur aham , girām asmyekam akṣaram |
yajñānāṃ japayajño'smi , sthāvarāṇāṃ himālayaḥ || 25

aśvatthas sarvavṛkṣāṇām , devarṣīṇāṃ ca nāradaḥ |
gandharvāṇāṃ citrarathaḥ , siddhānāṃ kapilo muniḥ || 26

uccaiḥśravasam aśvānām , viddhi mām amṛtodbhavam |
airāvataṃ gajendrāṇām , narāṇāṃ ca narādhipam ||27

āyudhānām ahaṃ vajram , dhenūnām asmi kāmadhuk |
prajanaś cāsmi kandarpaḥ , sarpāṇām asmi vāsukiḥ || 28

anantaś cāsmi nāgānām , varuṇo yādasām aham |
pitṝṇām aryamā cāsmi , yamas saṃyamatām aham || 29

prahlādaś cāsmi daityānām , kāla× kalayatāmaham |
mṛgāṇāṃ ca mṛgendro'ham , vainateyaśca pakṣiṇām || 30

pavana× pavatām asmi , rāmaś śastrabhṛtāmaham |
jhaṣāṇāṃ makaraś cāsmi , srotasām asmi jāhnavī || 31

sargāṇām ādirantaśca , madhyaṃ caivāham arjuna |
adhyātmavidyā vidyānām , vāda× pravadatām aham || 32

akṣarāṇām akāro'smi , dvandvas sāmāsikasya ca |
aham evākṣaya× kālaḥ , dhātāhaṃ viśvatomukhaḥ || 33

mṛtyus sarvaharaś cāham , udbhavaśca bhaviṣyatām |
kīrtiḥ śrīrvāk ca nārīṇām , smṛtir medhā dhṛtiḥ kṣamā || 34

bṛhatsāma tathā sāmnām , gāyatrī chandasām aham |
māsānāṃ mārgaśīrṣo'ham , ṛtūnāṃ kusumākaraḥ || 35

dyūtaṃ chalayatām asmi , tejas tejasvinām aham |
jayo'smi vyavasāyo'smi , sattvaṃ sattvavatām aham || 36

vṛṣṇīnāṃ vāsudevo'smi , pāṇḍavānāṃ dhanañjayaḥ |
munīnām apyahaṃ vyāsaḥ , kavīnām uśanā kaviḥ || 37

daṇḍo damayatām asmi , nītir asmi jigīṣatām |
maunaṃ caivāsmi guhyānām , jñānaṃ jñānavatām aham || 38

yaccāpi sarvabhūtānām , bījaṃ tad aham arjuna |
na tadasti vinā yat syāt , mayā bhūtaṃ carācaram || 39

nānto'sti mama divyānām , vibhūtīnāṃ parantapa |
eṣa tūddeśata× proktaḥ , vibhūter vistaro mayā || 40

yad yad vibhūtimat sattvam , śrīmad ūrjitam eva vā |
tat tad evāvagacchatvam , mama tejoṃ'śasambhavam || 41

athavā bahunaitena , kiṃ jñātena tavārjuna |
viṣṭabhyāham idaṃ kṛtsnam , ekāṃśena sthito jagat || 42

oṃ tat sat |
iti śrīmadbhagavadgītāsu upaniṣatsu brahmavidyāyāṃ
yogaśāstre śrīkṛṣṇārjunasaṃvāde vibhūtiyogo nāma
daśamo'dhyāyaḥ
|| 10th ||

11th Chapter

om̩ śrī paramātmane namaḥ | atha ekādaśo'dhyāyaḥ

arjuna uvāca
madanugrahāya paramam , guhyam adhyātmasañjñitam |
yat tvayoktaṃ vacastena , moho'yaṃ vigato mama || 1

bhavāpyayau hi bhūtānām , śrutau vistaraśo mayā |
tvatta× kamalapatrākṣa , māhātmyam api cāvyayam || 2

evam etad yathātthatvam , ātmānaṃ parameśvara |
draṣṭum icchāmi te rūpam , aiśvaraṃ puruṣottama || 3

manyase yadi tac chakyam , mayā draṣṭum iti prabho |
yogeśvara tato me tvam , darśayātmānam avyayam || 4

śrī bhagavān uvāca
paśya me pārtha rūpāṇi , śataśo'tha sahasraśaḥ |
nānāvidhāni divyāni , nānāvarṇākṛtīni ca || 5

paśyādityān vasūn rudrān , aśvinau marutas tathā |
bahūnyadṛṣṭapūrvāṇi , paśyāścaryāṇi bhārata || 6

ihaikasthaṃ jagat kṛtsnam , paśyādya sacarācaram |
mama dehe guḍākeśa , yaccānyad draṣṭum icchasi || 7

na tu māṃ śakyase draṣṭum , anenaiva svacakṣuṣā |
divyaṃ dadāmi te cakṣuḥ , paśya me yogam aiśvaram || 8

sañjaya uvāca

evam uktvā tato rājan , mahāyogeśvaro hariḥ |
darśayāmāsa pārthāya , paramaṃ rūpam aiśvaram || 9

anekavaktranayanam , anekādbhutadarśanam |
anekadivyābharaṇam , divyānekodyatāyudham || 10

divyamālyāmbaradharam , divyagandhānulepanam |
sarvāścaryamayaṃ devam , anantaṃ viśvatomukham || 11

divi sūryasahasrasya , bhaved yugapad utthitā |
yadi bhās sadṛśī sā syāt , bhāsas tasya mahātmanaḥ || 12

tatraikasthaṃ jagat kṛtsnam , pravibhaktam anekadhā |
apaśyad devadevasya , śarīre pāṇḍavas tadā || 13

tatas sa vismayāviṣṭaḥ , hṛṣṭaromā dhanañjayaḥ |
praṇamya śirasā devam , kṛtāñjalir abhāṣata || 14

arjuna uvāca

paśyāmi devāṃstava deva dehe ,
sarvāṃstathā bhūtaviśeṣasaṅghān |
brahmāṇam īśaṃ kamalāsanastham ,
ṛṣīṃśca sarvān uragāṃśca divyān || 15

anekabāhūdaravaktranetram ,
paśyāmi tvāṃ sarvato'nantarūpam |
nāntaṃ na madhyaṃ na punas tavādim ,
paśyāmi viśveśvara viśvarūpa || 16

kirīṭinaṃ gadinaṃ cakriṇaṃ ca ,
tejorāśiṃ sarvato dīptimantam |
paśyāmi tvāṃ durnirīkṣyaṃ samantāt ,
dīptānalārkadyutim aprameyam || 17

tvam akṣaraṃ paramaṃ veditavyam ,
tvam asya viśvasya paraṃ nidhānam |
tvam avyayaś śāśvatadharmagoptā ,
sanātanastvaṃ puruṣo mato me || 18

anādimadhyāntam anantavīryam ,
anantabāhuṃ śaśisūryanetram |
paśyāmi tvāṃ dīptahutāśavaktram ,
svatejasā viśvam idaṃ tapantam || 19

dyāvāpṛthivyor idam antaraṃ hi ,
vyāptaṃ tvayaikena diśaśca sarvāḥ |
dṛṣṭvādbhutaṃ rūpam ugraṃ tavedam ,
lokatrayaṃ pravyathitaṃ mahātman || 20

amī hi tvāṃ surasaṅghā viśanti ,
kecidbhītā× prāñjalayo gṛṇanti |
svastītyuktvā maharṣisiddhasaṅghāḥ ,
stuvanti tvāṃ stutibhi× puṣkalābhiḥ || 21

rudrādityā vasavo ye ca sādyāḥ ,
viśve'śvinau marutaścoṣmapāśca |
gandharvayakṣāsurasiddhasaṅghāḥ ,
vīkṣante tvāṃ vismitāścaiva sarve || 22

rūpaṃ mahatte bahuvaktranetram ,
mahābāho bahubāhūrupādam |
bahūdaraṃ bahudaṃṣṭrākarālam ,
dṛṣṭvā lokā× pravyathitās tathāham || 23

nabhaḥspṛśaṃ dīptam anekavarṇam ,
vyāttānanaṃ dīptaviśālanetram |
dṛṣṭvā hi tvāṃ pravyathitāntarātmā ,
dhṛtiṃ na vindāmi śamaṃ ca viṣṇo || 24

daṃṣṭrākarālāni ca te mukhāni ,
dṛṣṭvaiva kālānalasannibhāni |
diśo na jāne na labhe ca śarma ,
prasīda deveśa jagannivāsa || 25

ami ca tvāṃ dhṛtarāṣṭrasya putrāḥ ,
sarve sahaivāvanipālasaṅghaiḥ |
bhīṣmo droṇas sūtaputras tathāsau ,
sahāsmadīyair api yodhamukhyaiḥ || 26

vaktrāṇi te tvaramāṇā viśanti ,
daṃṣṭrākarālāni bhayānakāni |
kecid vilagnā daśanāntareṣu ,
sandṛśyante cūrṇitair uttamāṅgaiḥ || 27

yathā nadīnāṃ bahavo'mbuvegāḥ ,
samudram evābhimukhā dravanti |
tathā tavāmī naralokavīrāḥ ,
viśanti vaktrāṇyabhivijvalanti || 28

yathā pradīptaṃ jvalanaṃ pataṅgāḥ ,
viśanti nāśāya samṛddhavegāḥ |
tathaiva nāśāya viśanti lokāḥ ,
tavāpi vaktrāṇi samṛddhavegāḥ || 29

lelihyase grasamānas samantāt ,
lokān samagrān vadanair jvaladbhiḥ |
tejobhir āpūrya jagat samagram ,
bhāsas tavogrā× pratapanti viṣṇo || 30

ākhyāhi me ko bhavān ugrarūpaḥ ,
namo'stu te devavara prasīda |
vijñātum icchāmi bhavantam ādyam ,
na hi prajānāmi tava pravṛttim || 31

śrī bhagavān uvāca
kālo'smi lokakṣayakṛtpravṛtaddhaḥ ,
lokān samāhartum iha pravṛttaḥ |
ṛte'pi tvāṃ na bhaviṣyanti sarve ,
ye'vasthitā× pratyanīkeṣu yodhāḥ || 32

tasmāt tvam uttiṣṭha yaśo labhasva ,
jitvā śatrūn bhuṅkṣva rājyaṃ samṛddham |
mayaivaite nihatā× pūrvam eva ,
nimittamātraṃ bhava savyasācin || 33

droṇaṃ ca bhīṣmaṃ ca jayadrathaṃ ca ,
karṇaṃ tathānyān api yodhavīrān |
mayā hatāṃstvaṃ jahi mā vyathiṣṭhāḥ ,
yudhyasva jetāsi raṇe sapatnān || 34

sañjaya uvāca
etac chrutvā vacanaṃ keśavasya ,
kṛtāñjalir vepamāna× kirīṭī |
namaskṛtvā bhūya evāha kṛṣṇam ,
sagadgadaṃ bhītabhīta× praṇamya || 35

arjuna uvāca
sthāne hṛṣīkeśa tava prakīrtyā ,
jagat prahṛṣyatyanurajyate ca |
rakṣāṃsi bhītāni diśo dravanti ,
sarve namasyanti ca siddhasaṅghāḥ || 36

kasmācca te na nameran mahātman ,
garīyase brahmaṇo'pyādikartre |
ananta deveśa jagannivāsa ,
tvam akṣaraṃ sad asat tat paraṃ yat || 37

tvam ādideva× puruṣa× purāṇaḥ ,
tvam asya viśvasya paraṃ nidhānam |
vettāsi vedyaṃ ca paraṃ ca dhāma ,
tvayā tataṃ viśvam anantarūpa || 38

vāyur yamo'gnir varuṇaś śaśāṅkaḥ ,
prajāpatis tvaṃ prapitāmahaśca |
namo namaste'stu sahasrakṛtvaḥ ,
punaśca bhūyo'pi namo namaste || 39

nama× purastād atha pṛṣṭhatas te ,
namo'stu te sarvata eva sarva |
anantavīryāmitavikramas tvam ,
sarvaṃ samāpnoṣi tato'si sarvaḥ || 40

sakheti matvā prasabhaṃ yad uktam ,
he kṛṣṇa he yādava he sakheti |
ajānatā mahimānaṃ tavedam ,
mayā pramādāt praṇayena vāpi || 41

yac cāvahāsārtham asatkṛto'si ,
vihāraśayyāsanabhojaneṣu |
eko'thavāpyacyuta tat samakṣam ,
tat kṣāmaye tvām aham aprameyam || 42

pitāsi lokasya carācarasya ,
tvam asya pūjyaśca gurur garīyān |
na tvatsamo'styabhyadhika× kuto'nyaḥ ,
lokatraye'pyapratimaprabhāva || 43

tasmāt praṇamya praṇidhāya kāyam ,
prasādaye tvām aham īśam īḍyam |
piteva putrasya sakheva sakhyuḥ ,
priya× priyāyārhasi deva soḍhum || 44

adṛṣṭapūrvaṃ hṛṣito'smi dṛṣṭvā ,
bhayena ca pravyathitaṃ mano me |
tadeva me darśaya devarūpam ,
prasīda deveśa jagannivāsa || 45

kirīṭinaṃ gadinaṃ cakrahastam ,
icchāmi tvāṃ draṣṭum ahaṃ tathaiva |
tenaiva rūpeṇa caturbhujena ,
sahasrabāho bhava viśvamūrte || 46

śrī bhagavān uvāca
mayā prasannena tavārjunedam ,
rūpaṃ paraṃ darśitam ātmayogāt |
tejomayaṃ viśvam anantam ādyam ,
yanme tvad anyena na dṛṣṭapūrvam || 47

na vedayajñādhyayanair na dānaiḥ ,
na ca kriyābhir na tapobhir ugraiḥ |
evaṃrūpaś śakya ahaṃ nṛloke ,
draṣṭuṃ tvad anyena kurupravīra || 48

mā te vyathā mā ca vimūḍhabhāvaḥ ,
dṛṣṭvā rūpaṃ ghoram īdṛṅmamedam |
vyapetabhī× prītamanā× punas tvaṃ ,
tad eva me rūpam idaṃ prapaśya || 49

sañjaya uvāca
ityarjunaṃ vāsudevas tathoktvā ,
svakaṃ rūpaṃ darśayāmāsa bhūyaḥ |
āśvāsayāmāsa ca bhītam enam ,
bhūtvā punas saumyavapur mahātmā || 50

arjuna uvāca
dṛṣṭvedaṃ mānuṣaṃ rūpam , tava saumyaṃ janārdana |
idānīm asmi saṃvṛttaḥ , sacetā× prakṛtiṃ gataḥ || 51

śrī bhagavān uvāca
sudurdarśam idaṃ rūpam , dṛṣṭavānasi yan mama |
devā apyasya rūpasya , nityaṃ darśanakāṅkṣiṇaḥ || 52

nāhaṃ vedair na tapasā , na dānena na cejyayā |
śakya evaṃvidho draṣṭum , dṛṣṭavānasi māṃ yathā || 53

bhaktyā tvananyayā śakyaḥ , aham evaṃvidho'rjuna |
jñātuṃ draṣṭuṃ ca tattvena , praveṣṭuṃ ca parantapa || 54

matkarmakṛn matparamaḥ , madbhaktas saṅgavarjitaḥ |
nirvairas sarvabhūteṣu , yas sa mām eti pāṇḍava || 55

om tat sat |
iti śrīmadbhagavadgītāsu upaniṣatsu brahmavidyāyāṃ
yogaśāstre śrīkṛṣṇārjunasaṃvāde viśvarūpadarśanayogonāma
ekādaśo'dhyāyaḥ
|| 11th ||

12th Chapter

oṃ śrī paramātmane namaḥ | atha dvādaśo'dhyāyaḥ

<u>arjuna uvāca</u>
evaṃ satatayuktā ye , bhaktās tvāṃ paryupāsate |
ye cāpyakṣaram avyaktam , teṣāṃ ke yogavittamāḥ || 1

<u>śrī bhagavān uvāca</u>
mayyāveśya mano ye mām , nityayuktā upāsate |
śraddhayā parayopetāḥ , te me yuktatamā matāḥ || 2

ye tvakṣaram anirdeśyam , avyaktaṃ paryupāsate |
sarvatragam acintyaṃ ca , kūṭastham acalaṃ dhruvam || 3

sanniyamyendriyagrāmam , sarvatra samabuddhayaḥ |
te prāpnuvanti mām eva , sarvabhūtahite ratāḥ || 4

kleśo'dhikataras teṣām , avyaktāsaktacetasām |
avyaktā hi gatir duḥkham , dehavadbhir avāpyate || 5

ye tu sarvāṇi karmāṇi , mayi sannyasya matparāḥ |
ananyenaiva yogena , māṃ dhyāyanta upāsate || 6

teṣām ahaṃ samuddhartā , mṛtyusaṃsārasāgarāt |
bhavāmi nacirāt pārtha , mayyāveśitacetasām || 7

mayyeva mana ādhatsva , mayi buddhiṃ niveśaya |
nivasiṣyasi mayyeva , ata ūrdhvaṃ na saṃśayaḥ || 8

atha cittaṃ samādhātum , na śaknoṣi mayi sthiram |
abhyāsayogena tataḥ , māṃ icchāptuṃ dhanañjaya || 9

abhyāse'pyasamartho'si , matkarmaparamo bhava |
madartham api karmāṇi , kurvan siddhim avāpsyasi || 10

athaitadapyaśakto'si , kartuṃ madyogam āśritaḥ |
sarvakarmaphalatyāgam , tata× kuru yatātmavān || 11

śreyo hi jñānam abhyāsāt , jñānād dhyānaṃ viśiṣyate |
dhyānāt karmaphalatyāgaḥ , tyāgācchāntir anantaram || 12

adveṣṭā sarvabhūtānām , maitra× karuṇa eva ca |
nirmamo nirahaṅkāraḥ , samaduḥkhasukhaḥ kṣamī || 13

santuṣṭas satataṃ yogī , yatātmā dṛḍhaniścayaḥ |
mayyarpitamanobuddhiḥ , yo madbhaktas sa me priyaḥ || 14

yasmān nodvijate lokaḥ , lokān nodvijate ca yaḥ |
harṣāmarṣabhayodvegaiḥ , mukto yas sa ca me priyaḥ || 15

anapekṣaś śucirdakṣaḥ , udāsīno gatavyathaḥ |
sarvārambhaparityāgī , yo madbhaktas sa me priyaḥ || 16

yo na hṛṣyati na dveṣṭi , na śocati na kāṅkṣati |
śubhāśubhaparityāgī , bhaktimānyas sa me priyaḥ || 17

samaś śatrau ca mitre ca , tathā mānāpamānayoḥ |
śītoṣṇasukhaduḥkheṣu , samas saṅgavivarjitaḥ || 18

tulyanindāstutir maunī , santuṣṭo yena kenacit |
aniketas sthiramatiḥ , bhaktimān me priyo naraḥ || 19

ye tu dharmyāmṛtam idam , yathoktaṃ paryupāsate |
śraddadhānā matparamāḥ , bhaktās te'tīva me priyāḥ || 20

om tat sat |
iti śrīmadbhagavadgītāsu upaniṣatsu brahmavidyāyāṃ
yogaśāstre śrīkṛṣṇārjunasaṃvāde bhaktiyogo nāma
dvādaśo'dhyāyaḥ
|| 12th ||

13th Chapter

om śrī paramātmane namaḥ | atha trayodaśo'dhyāyaḥ

arjuna uvāca
prakṛtiṃ puruṣaṃ caiva , kṣetraṃ kṣetrajñam eva ca |
etad veditum icchāmi , jñānaṃ jñeyaṃ ca keśava ||
(Some editions of the Gita have this verse.
It changes the verse count from 700 to 701.)

śrī bhagavān uvāca
idaṃ śarīraṃ kaunteya , kṣetram ityabhidhīyate |
etad yo vetti taṃ prāhuḥ , kṣetrajña iti tadvidaḥ || 1

kṣetrajñaṃ cāpi māṃ viddhi , sarvakṣetreṣu bhārata |
kṣetrakṣetrajñayor jñānam , yat taj jñānaṃ mataṃ mama || 2

tat kṣetraṃ yac ca yādṛk ca , yadvikāri yataśca yat |
sa ca yo yatprabhāvaś ca , tat samāsena me śṛṇu || 3

ṛṣibhir bahudhā gītam , chandobhir vividhaiḥ pṛthak |
brahmasūtrapadaiś caiva , hetumadbhir viniścitaiḥ || 4

mahābhūtānyahaṅkāraḥ , buddhir avyaktam eva ca |
indriyāṇi daśaikaṃ ca , pañca cendriyagocarāḥ || 5

icchā dveṣas sukhaṃ duḥkham , saṅghātaś cetanā dhṛtiḥ |
etat kṣetraṃ samāsena , savikāram udāhṛtam || 6

amānitvam adambhitvam , ahiṃsā kṣāntir ārjavam |
ācāryopāsanaṃ śaucam , sthairyam ātmavinigrahaḥ || 7

indriyārtheṣu vairāgyam , anahaṅkāra eva ca |
janmamṛtyujarāvyādhiduḥkhadoṣānudarśanam || 8

asaktir anabhiṣvaṅgaḥ , putradāragṛhādiṣu |
nityaṃ ca samacittatvam , iṣṭāniṣṭopapattiṣu || 9

mayi cānanyayogena , bhaktir avyabhicāriṇī |
viviktadeśasevitvam , aratir janasaṃsadi || 10

adhyātmajñānanityatvam , tattvajñānārthadarśanam |
etaj jñānam iti proktam , ajñānaṃ yadato'nyathā || 11

jñeyaṃ yat tat pravakṣyāmi , yaj jñātvāmṛtam aśnute |
anādimat paraṃ brahma , na sat tannāsad ucyate || 12

sarvata× pāṇipādaṃ tat , sarvato'kṣiśiromukham |
sarvataḥ śrutimalloke , sarvam āvṛtya tiṣṭhati || 13

sarvendriyaguṇābhāsam , sarvendriyavivarjitam |
asaktaṃ sarvabhṛc caiva , nirguṇaṃ guṇabhoktṛ ca || 14

bahir antaśca bhūtānām , acaraṃ caram eva ca |
sūkṣmatvāt tad avijñeyam , dūrasthaṃ cāntike ca tat || 15

avibhaktaṃ ca bhūteṣu , vibhaktam iva ca sthitam |
bhūtabhartṛ ca taj jñeyam , grasiṣṇu prabhaviṣṇu ca || 16

jyotiṣām api taj jyotiḥ , tamasa× param ucyate |
jñānaṃ jñeyaṃ jñānagamyam , hṛdi sarvasya viṣṭhitam || 17

iti kṣetraṃ tathā jñānam , jñeyaṃ coktaṃ samāsataḥ |
madbhakta etad vijñāya , madbhāvāyopapadyate || 18

prakṛtiṃ puruṣaṃ caiva , viddhyanādī ubhāvapi |
vikārāṃśca guṇāṃś caiva , viddhi prakṛtisambhavān || 19

kāryakaraṇakartṛtve , hetu× prakṛtir ucyate |
puruṣas sukhaduḥkhānām , bhoktṛtve hetur ucyate || 20

puruṣa× prakṛtistho hi , bhuṅkte prakṛtijān guṇān |
kāraṇaṃ guṇasaṅgo'sya , sadasadyonijanmasu || 21

upadraṣṭānumantā ca , bhartā bhoktā maheśvaraḥ |
paramātmeti cāpyuktaḥ , dehe'smin puruṣa× paraḥ || 22

ya evaṃ vetti puruṣam , prakṛtiṃ ca guṇaiḥ saha |
sarvathā vartamāno'pi , na sa bhūyo'bhijāyate || 23

dhyānenātmani paśyanti , kecid ātmānamātmanā |
anye sāṅkhyena yogena , karmayogena cāpare || 24

anye tvevam ajānantaḥ , śrutvānyebhya upāsate |
te'pi cātitarantyeva , mṛtyuṃ śrutiparāyaṇāḥ || 25

yāvat sañjāyate kiñcit , sattvaṃ sthāvarajaṅgamam |
kṣetrakṣetrajñasaṃyogāt , tad viddhi bharatarṣabha || 26

samaṃ sarveṣu bhūteṣu , tiṣṭhantaṃ parameśvaram |
vinaśyatsvavinaśyantam , ya× paśyati sa paśyati || 27

samaṃ paśyan hi sarvatra , samavasthitam īśvaram |
na hinastyātmanātmānam , tato yāti parāṃ gatim || 28

prakṛtyaiva ca karmāṇi , kriyamāṇāni sarvaśaḥ |
ya× paśyati tathā''tmānam , akartāraṃ sa paśyati || 29

yadā bhūtapṛthagbhāvam , ekastham anupaśyati |
tata eva ca vistāram , brahma sampadyate tadā || 30

anāditvān nirguṇatvāt , paramātmā ayam avyayaḥ |
śarīrastho'pi kaunteya , na karoti na lipyate || 31

yathā sarvagataṃ saukṣmyāt , ākāśaṃ nopalipyate |
sarvatrāvasthito dehe , tathā''tmā nopalipyate || 32

yathā prakāśayatyekaḥ , kṛtsnaṃ lokam imaṃ raviḥ |
kṣetraṃ kṣetrī tathā kṛtsnam , prakāśayati bhārata || 33

kṣetrakṣetrajñayor evam , antaraṃ jñānacakṣuṣā |
bhūtaprakṛtimokṣaṃ ca , ye vidur yānti te param || 34

oṃ tat sat |
iti śrīmadbhagavadgītāsu upaniṣatsu brahmavidyāyāṃ
yogaśāstre śrīkṛṣṇārjunasaṃvāde kṣetrakṣetrajñavibhāgayogo
nāma trayodaśo'dhyāyaḥ
|| 13th ||

14th Chapter

oṃ śrī paramātmane namaḥ	atha caturdaśo'dhyāyaḥ

<u>śrī bhagavān uvāca</u>

paraṃ bhūya× pravakṣyāmi , jñānānāṃ jñānam uttamam |
yaj jñātvā munayas sarve , parāṃ siddhim ito gatāḥ || 1

idaṃ jñānam upāśritya , mama sādharmyam āgatāḥ |
sarge'pi nopajāyante , pralaye na vyathanti ca || 2

mama yonir mahad brahma , tasmin garbhaṃ dadhāmyaham |
sambhavas sarvabhūtānām , tato bhavati bhārata || 3

sarvayoniṣu kaunteya , mūrtayas sambhavanti yāḥ |
tāsāṃ brahma mahad yoniḥ , ahaṃ bījaprada× pitā || 4

sattvaṃ rajas tama iti , guṇā× prakṛtisambhavāḥ |
nibadhnanti mahābāho , dehe dehinam avyayam || 5

tatra sattvaṃ nirmalatvāt , prakāśakam anāmayam |
sukhasaṅgena badhnāti , jñānasaṅgena cānagha || 6

rajo rāgātmakaṃ viddhi , tṛṣṇāsaṅgasamudbhavam |
tan nibadhnāti kaunteya , karmasaṅgena dehinam || 7

tamas tvajñānajaṃ viddhi , mohanaṃ sarvadehinām |
pramādālasyanidrābhiḥ , tan nibadhnāti bhārata || 8

sattvaṃ sukhe sañjayati , raja× karmaṇi bhārata |
jñānam āvṛtya tu tamaḥ , pramāde sañjayatyuta || 9

rajas tamaś cābhibhūya , sattvaṃ bhavati bhārata |
rajas sattvaṃ tamaś caiva , tamas sattvaṃ rajas tathā || 10

sarvadvāreṣu dehe'smin , prakāśa upajāyate |
jñānaṃ yadā tadā vidyāt , vivṛddhaṃ sattvam ityuta || 11

lobha× pravṛttirārambhaḥ , karmaṇām aśamas spṛhā |
rajasyetāni jāyante , vivṛddhe bharatarṣabha || 12

aprakāśo'pravṛttiśca , pramādo moha eva ca |
tamasyetāni jāyante , vivṛddhe kurunandana || 13

yadā sattve pravṛddhe tu , pralayaṃ yāti dehabhṛt |
tadottamavidāṃ lokān , amalān pratipadyate || 14

rajasi pralayaṃ gatvā , karmasaṅgiṣu jāyate |
tathā pralīnas tamasi , mūḍhayoniṣu jāyate || 15

karmaṇas sukṛtasyāhuḥ , sāttavikaṃ nirmalaṃ phalam |
rajasas tu phalaṃ duḥkham , ajñānaṃ tamasa× phalam || 16

sattvāt sañjāyate jñānam , rajaso lobha eva ca |
pramādamohau tamasaḥ , bhavato'jñānam eva ca || 17

ūrdhvaṃ gacchanti sattvasthāḥ , madhye tiṣṭhanti rājasāḥ |
jaghanyaguṇavṛttisthāḥ , adho gacchanti tāmasāḥ || 18

nānyaṃ guṇebhya× kartāram , yadā draṣṭā anupaśyati |
guṇebhyaśca paraṃ vetti , madbhāvaṃ so'dhigacchati || 19

guṇān etān atītya trīn , dehī dehasamudbhavān |
janmamṛtyujarāduḥkhaiḥ , vimukto'mṛtam aśnute || 20

arjuna uvāca
kair liṅgais trīn guṇān etān , atīto bhavati prabho |
kimācāra× kathaṃ caitān , trīn guṇān ativartate || 21

śrī bhagavān uvāca
prakāśaṃ ca pravṛttiṃ ca , moham eva ca pāṇḍava |
na dveṣṭi sampravṛttāni , na nivṛttāni kāṅkṣati || 22

udāsīnavadāsīnaḥ , guṇair yo na vicālyate |
guṇā vartanta ityeva , yo'vatiṣṭhati neṅgate || 23

samaduḥkhasukhas svasthaḥ , samaloṣṭāśmakāñcanaḥ |
tulyapriyāpriyo dhīraḥ , tulyanindātmasaṃstutiḥ || 24

mānāpamānayos tulyaḥ , tulyo mitrāripakṣayoḥ |
sarvārambhaparityāgī , guṇātītas sa ucyate || 25

māṃ ca yo'vyabhicāreṇa , bhaktiyogena sevate |
sa guṇān samatītyaitān , brahmabhūyāya kalpate || 26

brahmaṇo hi pratiṣṭhāham , amṛtasyāvyayasya ca |
śāśvatasya ca dharmasya , sukhasyaikāntikasya ca || 27

om tat sat |

iti śrīmadbhagavadgītāsu upaniṣatsu brahmavidyāyāṃ yogaśāstre śrīkṛṣṇārjunasaṃvāde guṇatrayavibhāgayogo nāma caturdaśo'dhyāyaḥ

|| 14th ||

15th Chapter

om̐ śrī paramātmane namaḥ | atha pañcadaśo'dhyāyaḥ

<u>śrī bhagavān uvāca</u>

ūrdhvamūlam adhaḥśākham , aśvatthaṃ prāhur avyayam |
chandāṃsi yasya parṇāni , yastaṃ veda sa vedavit || 1

adhaś cordhvaṃ prasṛtās tasya śākhāḥ ,
guṇapravṛddhā viṣayapravālāḥ |
adhaśca mūlānyanusantatāni ,
karmānubandhīni manuṣyaloke || 2

na rūpamasyeha tathopalabhyate ,
nānto na cādir na ca sampratiṣṭhā |
aśvatthamenaṃ suvirūḍhamūlam ,
asaṅgaśastreṇa dṛḍhena chittvā || 3

tata× padaṃ tat parimārgitavyam ,
yasmin gatā na nivartanti bhūyaḥ |
tameva cādyaṃ puruṣaṃ prapadye ,
yata× pravṛtti× prasṛtā purāṇī || 4

nirmānamohā jitasaṅgadoṣāḥ ,
adhyātmanityā vinivṛttakāmāḥ |
dvandvair vimuktās sukhaduḥkhasañjñaiḥ ,
gacchantyamūḍhā× padam avyayaṃ tat || 5

na tadbhāsayate sūryaḥ , na śaśāṅko na pāvakaḥ |
yadgatvā na nivartante , taddhāma paramaṃ mama || 6

mamaivāṃśo jīvaloke , jīvabhūtas sanātanaḥ |
manaḥṣaṣṭhāni indriyāṇi , prakṛtisthāni karṣati || 7

śarīraṃ yadavāpnoti , yac cāpyutkrāmatīśvaraḥ |
gṛhītvaitāni saṃyāti , vāyur gandhānivāśayāt || 8

śrotraṃ cakṣus sparśanaṃ ca , rasanaṃ ghrāṇam eva ca |
adhiṣṭhāya manaś cāyam , viṣayān upasevate || 9

utkrāmantaṃ sthitaṃ vāpi , bhuñjānaṃ vā guṇānvitam |
vimūḍhā nānupaśyanti , paśyanti jñānacakṣuṣaḥ || 10

yatanto yoginaś cainam , paśyantyātmanyavasthitam |
yatanto'pyakṛtātmānaḥ , nainaṃ paśyantyacetasaḥ || 11

yadādityagataṃ tejaḥ , jagadbhāsayate'khilam |
yac candramasi yac cāgnau , tat tejo viddhi māmakam|| 12

gāmāviśya ca bhūtāni , dhārayāmyahamojasā |
puṣṇāmi cauṣadhīs sarvāḥ , somo bhūtvā rasātmakaḥ || 13

ahaṃ vaiśvānaro bhūtvā , prāṇināṃ deham āśritaḥ |
prāṇāpānasamāyuktaḥ , pacāmyannaṃ caturvidham || 14

sarvasya cāhaṃ hṛdi sanniviṣṭaḥ ,
mattas smṛtir jñānam apohanaṃ ca |
vedaiśca sarvair ahameva vedyaḥ ,
vedāntakṛd vedavideva cāham || 15

dvāvimau puruṣau loke , kṣaraś cākṣara eva ca |
kṣaras sarvāṇi bhūtāni , kūṭastho'kṣara ucyate || 16

uttama× puruṣas tvanyaḥ , paramātmetyudāhṛtaḥ |
yo lokatrayamāviśya , bibhartyavyaya īśvaraḥ || 17

yasmāt kṣaram atīto'ham , akṣarād api cottamaḥ |
ato'smi loke vede ca , prathita× puruṣottamaḥ || 18

yo mām evam asammūḍhaḥ , jānāti puruṣottamam |
sa sarvavidbhajati mām , sarvabhāvena bhārata || 19

iti guhyatamaṃ śāstram , idam uktaṃ mayānagha |
etadbuddhvā buddhimān syāt , kṛtakṛtyaś ca bhārata || 20

oṃ tat sat | iti śrīmadbhagavadgītāsu upaniṣatsu
brahmavidyāyāṃ yogaśāstre śrīkṛṣṇārjunasaṃvāde
puruṣottamayogo nāma pañcadaśo'dhyāyaḥ || 15th ||

16th Chapter

om śrī paramātmane namaḥ | atha ṣoḍaśo'dhyāyaḥ

śrī bhagavān uvāca

abhayaṃ sattvasaṃśuddhiḥ , jñānayogavyavasthitiḥ |
dānaṃ damaśca yajñaśca , svādhyāyas tapa ārjavam || 1

ahiṃsā satyam akrodhaḥ , tyāgaś śāntir apaiśunam |
dayā bhūteṣvaloluptvam , mārdavaṃ hrīr acāpalam || 2

tejaḥ kṣamā dhṛtiś śaucam , adroho nātimānitā |
bhavanti sampadaṃ daivīm , abhijātasya bhārata || 3

dambho darpo'bhimānaśca , krodha× pāruṣyam eva ca |
ajñānaṃ cābhijātasya , pārtha sampadam āsurīm || 4

daivī sampad vimokṣāya , nibandhāyāsurī matā |
mā śucas sampadaṃ daivīm , abhijāto'si pāṇḍava || 5

dvau bhūtasargau loke'smin , daiva āsura eva ca |
daivo vistaraśa× proktaḥ , āsuraṃ pārtha me śṛṇu || 6

pravṛttiṃ ca nivṛttiṃ ca , janā na vidur āsurāḥ |
na śaucaṃ nāpi cācāraḥ , na satyaṃ teṣu vidyate || 7

asatyam apratiṣṭhaṃ te , jagad āhur anīśvaram |
aparasparasambhūtam , kim anyat kāmahaitukam || 8

etāṃ dṛṣṭim avaṣṭabhya , naṣṭātmāno'lpabuddhayaḥ |
prabhavantyugrakarmāṇaḥ , kṣayāya jagato'hitāḥ || 9

kāmam āśritya duṣpūram , dambhamānamadānvitāḥ |
mohādgṛhītvāsadgrāhān , pravartante'śucivratāḥ || 10

cintām aparimeyāṃ ca , pralayāntām upāśritāḥ |
kāmopabhogaparamāḥ , etāvad iti niścitāḥ || 11

āśāpāśaśatair baddhāḥ , kāmakrodhaparāyaṇāḥ |
īhante kāmabhogārtham , anyāyenārthasañcayān || 12

idam adya mayā labdham , imaṃ prāpsye manoratham |
idam astīdam api me , bhaviṣyati punar dhanam || 13

asau mayā hataś śatruḥ , haniṣye cāparān api |
īśvaro'ham ahaṃ bhogī , siddho'haṃ balavān sukhī || 14

āḍhyo'bhijanavān asmi ,ko'nyo'sti sadṛśo mayā|
yakṣye dāsyāmi modiṣye , ityajñānavimohitāḥ || 15

anekacittavibhrāntāḥ , mohajālasamāvṛtāḥ |
prasaktā× kāmabhogeṣu , patanti narake'śucau || 16

ātmasambhāvitās stabdhāḥ , dhanamānamadānvitāḥ |
yajante nāmayajñais te , dambhenāvidhipūrvakam || 17

ahaṅkāraṃ balaṃ darpam , kāmaṃ krodhaṃ ca saṃśritāḥ |
mām ātmaparadeheṣu , pradviṣanto'bhyasūyakāḥ || 18

tān ahaṃ dviṣata× krūrān , saṃsāreṣu narādhamān |
kṣipāmyajasram aśubhān , āsurīṣveva yoniṣu || 19

āsurīṃ yonimāpannāḥ , mūḍhā janmani janmani |
mām aprāpyaiva kaunteya , tato yāntyadhamāṃ gatim || 20

trividhaṃ narakasyedam , dvāraṃ nāśanam ātmanaḥ |
kāma× krodhas tathā lobhaḥ,tasmād etat trayaṃ tyajet || 21

etair vimukta× kaunteya , tamodvārais tribhir naraḥ |
ācaratyātmanaś śreyaḥ , tato yāti parāṃ gatim || 22

yaś śāstravidhim utsṛjya , vartate kāmakārataḥ |
na sa siddhim avāpnoti , na sukhaṃ na parāṃ gatim || 23

tasmāc chāstraṃ pramāṇaṃ te , kāryākāryavyavasthitau |

jñātvā śāstravidhānoktam , karma kartum ihārhasi || 24

om tat sat |
iti śrīmadbhagavadgītāsu upaniṣatsu brahmavidyāyāṃ
yogaśāstre śrīkṛṣṇārjunasaṃvāde
daivāsurasampadvibhāgayogo nāma ṣoḍaśo'dhyāyaḥ
|| 16th ||

17th Chapter

oṃ śrī paramātmane namaḥ | atha saptadaśo'dhyāyaḥ

<u>arjuna uvāca</u>

ye śāstravidhim utsṛjya , yajante śraddhayānvitāḥ |
teṣāṃ niṣṭhā tu kā kṛṣṇa , sattvam āho rajas tamaḥ || 1

<u>śrī bhagavān uvāca</u>

trividhā bhavati śraddhā , dehināṃ sā svabhāvajā |
sāttvikī rājasī caiva , tāmasī ceti tāṃ śṛṇu || 2

sattvānurūpā sarvasya , śraddhā bhavati bhārata |
śraddhāmayo'yaṃ puruṣaḥ , yo yacchraddhas sa eva saḥ || 3

yajante sāttvikā devān , yakṣarakṣāṃsi rājasāḥ |
pretān bhūtagaṇāṃścānye , yajante tāmasā janāḥ || 4

aśāstravihitaṃ ghoram , tapyante ye tapo janāḥ |
dambhāhaṅkārasaṃyuktāḥ , kāmarāgabalānvitāḥ || 5

karśayantaś śarīrastham , bhūtagrāmam acetasaḥ |
māṃ caivāntaḥśarīrastham , tān viddhyāsuraniścayān || 6

āhāras tvapi sarvasya , trividho bhavati priyaḥ |
yajñas tapas tathā dānam , teṣāṃ bhedam imaṃ śṛṇu ||7

āyuḥsattvabalārogyasukhaprītivivardhanāḥ |
rasyās snigdhās sthirā hṛdyāḥ , āhārās sāttvikapriyāḥ || 8

kaṭvamlalavaṇātyuṣṇatīkṣṇarūkṣavidāhinaḥ |
āhārā rājasasyeṣṭāḥ , duḥkhaśokāmayapradāḥ || 9

yātayāmaṃ gatarasam , pūti paryuṣitaṃ ca yat |
ucchiṣṭam api cāmedhyam , bhojanaṃ tāmasapriyam || 10

aphalākāṅkṣibhir yajñaḥ , vidhidṛṣṭo ya ijyate |
yaṣṭavyam eveti manaḥ , samādhāya sa sāttvikaḥ || 11

abhisandhāya tu phalam , dambhārtham api caiva yat |
ijyate bharataśreṣṭha , taṃ yajñaṃ viddhi rājasam || 12

vidhihīnam asṛṣṭānnam , mantrahīnam adakṣiṇam |
śraddhāvirahitaṃ yajñam , tāmasaṃ paricakṣate || 13

devadvijaguruprājñapūjanaṃ śaucam ārjavam |
brahmacaryam ahiṃsā ca , śārīraṃ tapa ucyate || 14

anudvegakaraṃ vākyam , satyaṃ priyahitaṃ ca yat |
svādhyāyābhyasanaṃ caiva , vāṅmayaṃ tapa ucyate || 15

mana×prasādas saumyatvam , maunam ātmavinigrahaḥ |
bhāvasaṃśuddhir ityetat , tapo mānasam ucyate || 16

śraddhayā parayā taptam , tapas tat trividhaṃ naraiḥ |
aphalākāṅkṣibhir yuktaiḥ , sāttvikaṃ paricakṣate || 17

satkāramānapūjārtham , tapo dambhena caiva yat |
kriyate tad iha proktam , rājasaṃ calam adhruvam || 18

mūḍhagrāheṇātmano yat , pīḍayā kriyate tapaḥ |
parasyotsādanārthaṃ vā , tat tāmasam udāhṛtam || 19

dātavyam iti yad dānam , dīyate'nupakāriṇe |
deśe kāle ca pātre ca , tad dānaṃ sāttvikaṃ smṛtam || 20

yat tu pratyupakārārtham , phalam uddiśya vā punaḥ |
dīyate ca parikliṣṭam , tad dānaṃ rājasaṃ smṛtam || 21

adeśakāle yad dānam , apātrebhyaśca dīyate |
asatkṛtam avajñātam , tat tāmasam udāhṛtam || 22

oṃ tat sad iti nirdeśaḥ , brahmaṇas trividhas smṛtaḥ |
brāhmaṇās tena vedāśca , yajñāśca vihitā× purā || 23

tasmād oṃ ityudāhṛtya , yajñadānatapaḥkriyāḥ |
pravartante vidhānoktāḥ , satataṃ brahmavādinām || 24

tad ityanabhisandhāya , phalaṃ yajñatapaḥkriyāḥ |
dānakriyāśca vividhāḥ , kriyante mokṣakāṅkṣibhiḥ || 25

sadbhāve sādhubhāve ca , sad ityetat prayujyate |
praśaste karmaṇi tathā , sac chabda× pārtha yujyate || 26

yajñe tapasi dāne ca , sthitis saditi cocyate |
karma caiva tadarthīyam , sad ityevābhidhīyate || 27

aśraddhayā hutaṃ dattam , tapas taptaṃ kṛtaṃ ca yat |
asadityucyate pārtha , na ca tat pretya no iha || 28

oṃ tat sat |
iti śrīmadbhagavadgītāsu upaniṣatsu brahmavidyāyāṃ
yogaśāstre śrīkṛṣṇārjunasaṃvāde śraddhātrayavibhāgayogo
nāma saptadaśo'dhyāyaḥ
|| 17th ||

18th Chapter

oṃ śrī paramātmane namaḥ | atha aṣṭādaśo'dhyāyaḥ

arjuna uvāca

sannyāsasya mahābāho , tattvam icchāmi veditum |

tyāgasya ca hṛṣīkeśa , pṛthak keśiniṣūdana || 1

śrī bhagavān uvāca

kāmyānāṃ karmaṇāṃ nyāsam , sannyāsaṃ kavayo viduḥ |

sarvakarmaphalatyāgam , prāhus tyāgaṃ vicakṣaṇāḥ || 2

tyājyaṃ doṣavadityeke , karma prāhur manīṣiṇaḥ |

yajñadānatapaḥkarma , na tyājyam iti cāpare || 3

niścayaṃ śṛṇu me tatra , tyāge bharatasattama |

tyāgo hi puruṣavyāghra , trividhas samprakīrtitaḥ || 4

yajñadānatapaḥkarma , na tyājyaṃ kāryameva tat |

yajño dānaṃ tapaścaiva , pāvanāni manīṣiṇām || 5

etānyapi tu karmāṇi , saṅgaṃ tyaktvā phalāni ca |

kartavyānīti me pārtha , niścitaṃ matam uttamam || 6

niyatasya tu sannyāsaḥ , karmaṇo nopapadyate |

mohāt tasya parityāgaḥ , tāmasa× parikīrtitaḥ || 7

duḥkham ityeva yat karma , kāyakleśabhayāt tyajet |
sa kṛtvā rājasaṃ tyāgam , naiva tyāgaphalaṃ labhet || 8

kāryam ityeva yat karma , niyataṃ kriyate'rjuna |
saṅgaṃ tyaktvā phalaṃ caiva , sa tyāgas sāttviko mataḥ || 9

na dveṣṭyakuśalaṃ karma , kuśale nānuṣajjate |
tyāgī sattvasamāviṣṭaḥ , medhāvī chinnasaṃśayaḥ || 10

na hi dehabhṛtā śakyam , tyaktuṃ karmāṇyaśeṣataḥ |
yastu karmaphalatyāgī , sa tyāgītyabhidhīyate || 11

aniṣṭam iṣṭaṃ miśraṃ ca , trividhaṃ karmaṇa× phalam |
bhavatyatyāgināṃ pretya , na tu sannyāsināṃ kvacit || 12

pañcaitāni mahābāho , kāraṇāni nibodha me |
sāṅkhye kṛtānte proktāni , siddhaye sarvakarmaṇām || 13

adhiṣṭhānaṃ tathā kartā , karaṇaṃ ca pṛthagvidham |
vividhāśca pṛthak ceṣṭāḥ , daivaṃ caivātra pañcamam || 14

śarīravāṅmanobhir yat , karma prārabhate naraḥ |
nyāyyaṃ vā viparītaṃ vā , pañcaite tasya hetavaḥ || 15

tatraivaṃ sati kartāram , ātmānaṃ kevalaṃ tu yaḥ |
paśyatyakṛtabuddhitvāt , na sa paśyati durmatiḥ || 16

yasya nāhaṅkṛto bhāvaḥ , buddhir yasya na lipyate |
hatvāpi sa imām̐l lokān , na hanti na nibadhyate || 17

jñānaṃ jñeyaṃ parijñātā , trividhā karmacodanā |
karaṇaṃ karma karteti , trividhaₓ karmasaṅgrahaḥ || 18

jñānaṃ karma ca kartā ca , tridhaiva guṇabhedataḥ |
procyate guṇasaṅkhyāne , yathāvac chṛṇu tānyapi || 19

sarvabhūteṣu yenaikam , bhāvam avyayam īkṣate |
avibhaktaṃ vibhakteṣu , taj jñānaṃ viddhi sāttvikam || 20

pṛthaktvena tu yaj jñānam , nānābhāvān pṛthagvidhān |
vetti sarveṣu bhūteṣu , taj jñānaṃ viddhi rājasam || 21

yat tu kṛtsnavadekasmin , kārye saktam ahaitukam |
atattvārthavadalpaṃ ca , tat tāmasam udāhṛtam || 22

niyataṃ saṅgarahitam , arāgadveṣataₓ kṛtam |
aphalaprepsunā karma , yat tat sāttvikam ucyate || 23

yat tu kāmepsunā karma , sāhaṅkāreṇa vā punaḥ |
kriyate bahulāyāsam , tad rājasam udāhṛtam || 24

anubandhaṃ kṣayaṃ hiṃsām , anavekṣya ca pauruṣam |
mohād ārabhyate karma , yat tat tāmasam ucyate || 25

muktasaṅgo'nahaṃvādī , dhṛtyutsāhasamanvitaḥ |
siddhyasiddhyor nirvikāraḥ , kartā sāttvika ucyate || 26

rāgī karmaphalaprepsuḥ , lubdho hiṃsātmako'śuciḥ |
harṣaśokānvita× kartā , rājasa× parikīrtitaḥ || 27

ayukta× prākṛtas stabdhaḥ , śaṭho naiṣkṛtiko'lasaḥ |
viṣādī dīrghasūtrī ca , kartā tāmasa ucyate || 28

buddher bhedaṃ dhṛteś caiva , guṇatas trividhaṃ śṛṇu |
procyamānam aśeṣeṇa , pṛthaktvena dhanañjaya || 29

pravṛttiṃ ca nivṛttiṃ ca , kāryākārye bhayābhaye |
bandhaṃ mokṣaṃ ca yā vetti , buddhis sā pārtha sāttvikī || 30

yayā dharmam adharmaṃ ca , kāryaṃ cākāryameva ca |
ayathāvat prajānāti , buddhis sā pārtha rājasī || 31

adharmaṃ dharmam iti yā , manyate tamasāvṛtā |
sarvārthān viparītāṃśca , buddhis sā pārtha tāmasī || 32

dhṛtyā yayā dhārayate , manaḥprāṇendriyakriyāḥ |
yogenāvyabhicāriṇyā , dhṛtis sā pārtha sāttvikī || 33

yayā tu dharmakāmārthān , dhṛtyā dhārayate'rjuna |
prasaṅgena phalākāṅkṣī , dhṛtis sā pārtha rājasī || 34

yayā svapnaṃ bhayaṃ śokam , viṣādaṃ madam eva ca |
na vimuñcati durmedhāḥ , dhṛtis sā pārtha tāmasī || 35

sukhaṃ tvidānīṃ trividham , śṛṇu me bharatarṣabha |
abhyāsād ramate yatra , duḥkhāntaṃ ca nigacchati || 36

yat tad agre viṣam iva , pariṇāme'mṛtopamam |
tat sukhaṃ sāttvikaṃ proktam , ātmabuddhiprasādajam || 37

viṣayendriyasaṃyogāt , yat tad agre'mṛtopamam |
pariṇāme viṣam iva , tat sukhaṃ rājasaṃ smṛtam || 38

yad agre cānubandhe ca , sukhaṃ mohanam ātmanaḥ |
nidrālasyapramādottham , tat tāmasam udāhṛtam || 39

na tad asti pṛthivyāṃ vā , divi deveṣu vā punaḥ |
sattvaṃ prakṛtijair muktam , yadebhis syāt tribhir guṇaiḥ || 40

brāhmaṇakṣatriyaviśām , śūdrāṇāṃ ca parantapa |
karmāṇi pravibhaktāni , svabhāvaprabhavair guṇaiḥ || 41

śamo damas tapaś śaucam , kṣāntir ārjavam eva ca |
jñānaṃ vijñānam āstikyam , brahmakarma svabhāvajam || 42

śauryaṃ tejo dhṛtir dākṣyam , yuddhe cāpyapalāyanam |
dānam īśvarabhāvaś ca , kṣātraṃ karma svabhāvajam || 43

kṛṣigaurakṣyavāṇijyam , vaiśyakarma svabhāvajam |
paricaryātmakaṃ karma , śūdrasyāpi svabhāvajam || 44

sve sve karmaṇyabhirataḥ , saṃsiddhiṃ labhate naraḥ |
svakarmaniratas siddhim ,yathā vindati tac chṛṇu || 45

yata× pravṛttir bhūtānām , yena sarvam idaṃ tatam |
svakarmaṇā tamabhyarcya , siddhiṃ vindati mānavaḥ || 46

śreyān svadharmo viguṇaḥ , paradharmāt svanuṣṭhitāt |
svabhāvaniyataṃ karma , kurvan nāpnoti kilbiṣam || 47

sahajaṃ karma kaunteya , sadoṣam api na tyajet |
sarvārambhā hi doṣeṇa , dhūmenāgnir ivāvṛtāḥ || 48

asaktabuddhis sarvatra , jitātmā vigataspṛhaḥ |
naiṣkarmyasiddhiṃ paramām , sannyāsenādhigacchati || 49

siddhiṃ prāpto yathā brahma , tathā āpnoti nibodha me |
samāsenaiva kaunteya , niṣṭhā jñānasya yā parā || 50

buddhyā viśuddhayā yuktaḥ , dhṛtyātmānaṃ niyamya ca |
śabdādīn viṣayāṃstyaktvā , rāgadveṣau vyudasya ca|| 51

viviktasevī laghvāśī , yatavāk¯kāyamānasaḥ |
dhyānayogaparo nityam , vairāgyaṃ samupāśritaḥ || 52

ahaṅkāraṃ balaṃ darpam , kāmaṃ krodhaṃ parigraham |
vimucya nirmamaś śāntaḥ , brahmabhūyāya kalpate || 53

brahmabhūta× prasannātmā , na śocati na kāṅkṣati |
samas sarveṣu bhūteṣu , madbhaktiṃ labhate parām || 54

bhaktyā mām abhijānāti , yāvān yaś cāsmi tat tvataḥ |
tato māṃ tattvato jñātvā , viśate tad anantaram || 55

sarvakarmāṇyapi sadā , kurvāṇo madvyapāśrayaḥ |
matprasādād avāpnoti , śāśvataṃ padam avyayam || 56

cetasā sarvakarmāṇi , mayi sannyasya matparaḥ |
buddhiyogam upāśritya , maccittas satataṃ bhava || 57

maccittas sarvadurgāṇi , matprasādāt tariṣyasi |
atha cet tvam ahaṅkārāt ,na śroṣyasi vinaṅkṣyasi || 58

yad ahaṅkāram āśritya , na yotsya iti manyase |
mithyaiṣa vyavasāyas te , prakṛtis tvāṃ niyokṣyati || 59

svabhāvajena kaunteya , nibaddhas svena karmaṇā |
kartuṃ necchasi yan mohāt , kariṣyasyavaśo'pi tat || 60

īśvaras sarvabhūtānām , hṛddeśe'rjuna tiṣṭhati |
bhrāmayan sarvabhūtāni , yantrārūḍhāni māyayā || 61

tameva śaraṇaṃ gaccha , sarvabhāvena bhārata |
tatprasādāt parāṃ śāntim ,sthānaṃ prāpsyasi śāśvatam || 62

iti te jñānam ākhyātam , guhyād guhyataraṃ mayā |
vimṛśyaitad aśeṣeṇa , yathecchasi tathā kuru || 63

sarvaguhyatamamṃ bhūyaḥ , śṛṇu me paramaṃ vacaḥ |
iṣṭo'si me dṛḍham iti , tato vakṣyāmi te hitam || 64

manmanā bhava madbhaktaḥ , madyājī māṃ namaskuru |
māmevaiṣyasi satyaṃ te , pratijāne priyo'si me || 65

sarvadharmān parityajya , mām ekaṃ śaraṇaṃ vraja |
ahaṃ tvā sarvapāpebhyaḥ , mokṣayiṣyāmi mā śucaḥ || 66

idaṃ te nātapaskāya , nābhaktāya kadācana |
na cāśuśrūṣave vācyam , na ca māṃ yo'bhyasūyati || 67

ya imaṃ paramaṃ guhyam , madbhakteṣvabhidhāsyati |
bhaktiṃ mayi parāṃ kṛtvā , māmevaiṣyatyasaṃśayaḥ || 68

na ca tasmān manuṣyeṣu , kaścinme priyakṛttamaḥ |
bhavitā na ca me tasmāt , anyaẋ priyataro bhuvi || 69

adhyeṣyate ca ya imam , dharmyaṃ saṃvādamāvayoḥ |
jñānayajñena tenāham , iṣṭas syām iti me matiḥ || 70

śraddhāvān anasūyaś ca , śṛṇuyād api yo naraḥ |
so'pi muktaś śubhām̐llokān , prāpnuyāt puṇyakarmaṇām || 71

kaccid etac chrutaṃ pārtha , tvayaikāgreṇa cetasā |
kaccid ajñānasammohaḥ , pranaṣṭas te dhanañjaya || 72

<u>arjuna uvāca</u>

naṣṭo mohas smṛtir labdhā , tvatprasādān mayācyuta |
sthito'smi gatasandehaḥ , kariṣye vacanaṃ tava || 73

<u>sañjaya uvāca</u>

ityahaṃ vāsudevasya , pārthasya ca mahātmanaḥ |
saṃvādam imam aśrauṣam , adbhutaṃ romaharṣaṇam || 74

vyāsaprasādāc chrutavān , etad guhyam ahaṃ param |
yogaṃ yogeśvarāt kṛṣṇāt ,sākṣāt kathayatas svayam || 75

rājan saṃsmṛtya saṃsmṛtya , saṃvādam imam adbhutam |
keśavārjunayo× puṇyam , hṛṣyāmi ca muhur muhuḥ || 76

tac ca saṃsmṛtya saṃsmṛtya , rūpam atyadbhutaṃ hareḥ |
vismayo me mahān rājan , hṛṣyāmi ca puna× punaḥ || 77

yatra yogeśvara× kṛṣṇaḥ , yatra pārtho dhanurdharaḥ |
tatra śrīr vijayo bhūtiḥ , dhruvā nītir matir mama || 78

oṃ tat sat | iti śrīmadbhagavadgītāsu upaniṣatsu
brahmavidyāyāṃ yogaśāstre śrīkṛṣṇārjunasaṃvāde
mokṣasannyāsayogo nāma aṣṭādaśo'dhyāyaḥ || 18th ||

Ending Prayer

gurur brahmā , gurur viṣṇuḥ , gurur devo maheśvaraḥ |

gurus sākṣāt paraṃ brahma , tasmai śrīgurave namaḥ ||

śrī gurubhyo namaḥ hariḥ oṃ |

śrī kṛṣṇārpaṇamastu ||

Online Audio

https://www.chinmayabooks.com/shop/geeta-chanting-vol-1-4-acd-sanskrit-chanting/

http://www.geetachanting.net/

https://mychinmaya.org/bhagavad-gita-all-chapters-audio/

https://www.sanskritfromhome.org/course-details/learn-to-chant-gita-7241

https://www.youtube.com/watch?v=E53GuZ8NFQw

https://www.youtube.com/c/BrijitDighe/featured

IAST Transliteration Chart

Devanagari script to Latin script transliteration using International Alphabet of Sanskrit Transliteration (IAST).

a अ , ā आ , i इ , ī ई , u उ , ū ऊ , ṛ ऋ , ṝ ॠ , ḷ ऌ ,
e ए , ai ऐ , o ओ , au औ , ṃ ं , ँ , ḥ ः , oṃ ॐ ,
Ardha Visarga ᳲ ,
ka क , kha ख , ga ग , gha घ, ṅa ङ ,
ca च , cha छ , ja ज , jha झ, ña ञ ,
ṭa ट , ṭha ठ , ḍa ड , ḍha ढ, ṇa ण ,
ta त , tha थ , da द , dha ध, na न ,
pa प , pha फ , ba ब , bha भ, ma म ,
ya य , ra र , la ल , va व ,
śa श , ṣa ष , sa स , ha ह ,
' ऽ avagraha

Note: Consonant with vowel, ka = क्अ = क
Consonant only "k = क्"

Pronunciation of Sanskrit Letters

उच्चारणम्

अ sOn आ fAther इ It ई bEAt उ fUll ऊ pOOl ऋ Rhythm

ॠ maRIne ऌ reveLRy ॡ ए plAy ऐ AIsle ओ gO औ lOUd

अं Anusvara is pure nasal – close the lips – similar to म्

अः Visarga is Breath release like ह् and preceding vowel sound

e.g. Pronounce नमः as नमह , शान्तिः as शान्तिहि , विष्णुः as विष्णुहु

क seeK	ख KHan	ग Get	घ loGHut	ङ siNG
च CHunk	छ catCHHim	ज Jump	झ heDGEhog	ञ buNch
ट True	ठ anTHill	ड Drum	ढ goDHead	ण uNder
त Tamil	थ THunder	द THat	ध breaTHE	न Nut
प Put	फ Fruit	ब Bin	भ aBHor	म Much

य loYal र Red ल Luck व Vase

श Sure ष Shun स So Hum ह

Conjuncts in general – first utter the top part and then the bottom one, e.g.

Bhagavad Gita 10.16 तिष्ठसि -> ष् ठ ,

Bhagavad Gita 10.23 शङ्करश्चास्मि -> ङ् क , श् च

Specific Conjuncts

ह् ण = ह्ण , ह् न = ह्न , ह् म = ह्म

Utter with emphasis on the chest, first the nasal and then the aspiration, e.g. Brahma = ब्रह्म *Pronounce as* ***Bramha***

Epilogue

सर्वे भवन्तु सुखिनः । सर्वे सन्तु निरामयाः ।

सर्वे भद्राणि पश्यन्तु । मा कश्चिद् दुःख भाग्भवेत् ॥

ॐ शान्तिः शान्तिः शान्तिः ॥

sarve bhavantu sukhinaḥ | sarve santu nirāmayāḥ | sarve bhadrāṇi paśyantu | mā kaścid duḥkha bhāgbhavet ||

oṃ śāntiḥ śāntiḥ śāntiḥ ||

When faith has blossomed in life,
Every step is led by the Divine.

Sri Sri Ravi Shankar

https://advaita56.in/

Om Namah Shivaya

जय गुरुदेव

www.ingramcontent.com/pod-product-compliance
Lightning Source LLC
LaVergne TN
LVHW030324070526
838199LV00069B/6548

* 9 7 8 9 3 9 2 2 0 1 4 6 2 *